KB160471

매일
같이
밥 먹는
동네

매일
같이
밥 먹는
동네

남재걸 · 조재준 지음

이담
Books

이 책은 2016년 대한민국 교육부와 한국연구재단의 지원을 받아 수행된 연구를 바탕으로 작성되었음(NRF-2016S1A5A8019360)

머리말

　근대화, 산업화를 거치며 우리는 매우 소중한 것을 잃었으니 그것은 바로 생활 공동체이다. 현대를 사는 우리들은 생활의 거의 모든 면을 시장과 기업, 정부 기관에 의존하면서 인간으로서의 독자성과 자기실현이 축소당하는 것을 경험하고 있다. 법과 제도에 대한 과도한 위탁이 현대사회 병리로 등장한 것이다.

　하버마스는 개인의 의사가 반영되고 개인이 주체가 되어 활동하는 장을 생활 세계로, 돈과 권력과 같은 시스템의 논리로만 움직이는 세계를 체계로 명명하였는데, 현대에 와서 체계가 생활 세계를 깊숙이 잠식하면서 공동체는 가장 왜소한 수준으로 움츠러들었다. 체계는 권력과 돈의 논리로 움직이지만 공동체는 신뢰, 배려, 공감, 나눔의 논리로 작동하기 때문이다. 본질적으로 체계와 공동체는 서로 상극에 위치하고 있다고 할 수 있다. 그러나 인류가 체계에 의해 살아온 기간보다 공동체라는 생활 세계에 의지하여 살아 온 기간이 훨씬 긴 것만큼 인류의 DNA 에는 공동체를 필요로 하는 유전자가 흐르고 있다. 공동체가 형편없이 망가진 지금이 어쩌면 사람들이 가장 공동체를 절실히 원하고 있는 때가 아닌지 모른다.

우리가 사는 동네(마을)는 단지 우리의 주거지가 세워져 있는 물리적 공간 만이 아니다. 사람들이 만나고 정보를 교환하고 위로받고 필요할 경우 서로 돕는 사회적 공간도 되는 것이다. 먹고 입고 자는 곳이 풍족해도 사람은 관계를 필요로 한다. 수 만 년 간 사람은 서로 관계를 맺고 나누고 소통하며 살아왔다. 마을자치는 바로 사람과의 관계와 소통의 복원을 목표로 한다.

경상남도 합천 양떡메 마을에서는 52가구 100여명의 주민이 매일 마을 식당에서 모여 점심을 같이 먹는다. 식비는 물론 공짜다. 2019년에 식당 건물이 다시 지어지면 점심, 저녁 하루 두 끼를 모두 무료로 제공할 예정이다. 주민들은 아침만 스스로 해결하면 되는 것이다. 해마다 설날에는 집집마다 마을 방앗간에서 갓 뽑아낸 가래떡 10kg이 배달된다. 그 뿐 아니다. 주민들이 투자한 돈은 전혀 없는데도 연말이면 집집마다 통장으로 수 십 만원씩의 배당금이 입금된다. 한가할 때 주민들은 마을회관에 설치된 주민 사우나에 모여서 사우나를 하며 이야기를 나눈다. 이미 살기 좋은 마을로 소문이 나서 주변 마을에서 서로들 이사 오려고 하다 보니 집값과 땅값이 주변보다 높다. 그렇다고 특별한 볼거리나 특산물이 있는 마을도 아니다. 합천 초계분지의 평지에 자리잡은 이 마을은 주변의 유사한 십 여 개의 유사한 마을과 전혀 다를 것이 없는 평범한 농촌마을이다. 오히려 십 오 년 전까지만 하더라도 초계면에서 '술집 많고 노름하는 마을'로 인식되던 낙후된 마을이었다. 그러나 이제 합천군은 물론 전국에서도 가장 살기 좋은 마을로 면모를 일신한 기적을 일구어 낸 것이다.

양떡메 마을의 성공의 비결로 필자가 발견한 것은 살아 숨쉬는 마을자치였다. 근래에 농촌개발, 도시재생 등 지역 개발에 대한 관심이 높아지면서 마을기업에 대한 관심이 높아지고 있다. 그러나 마을기업은 사실상 마을자치 활동의 한가지임에도 불구하고 많은 곳에서 마을자치를 무시한 채 마을기업으로 곧장 달려간 느낌이 없지 않다. 모든 것이 돈으로 연결되는 사고 방식이 공동체를 지향해야 하는 마을자치에까지 들어온 탓이다.

이 책에서 소개하는 양떡메 마을의 사례는 마을자치가 주민에게 얼마나 큰 삶의 즐거움과 희망을 줄 수 있는 지를 보여준다. 마을자치는 공동체 구성원인 주민에게 함께 만나고 일하는 기쁨에 더하여 지속적으로 경제적인 수입을 안겨준다는 점에서 공동체 사업의 꽃이라 할 만하다. 젊은이든 중년이든 할 일이 없어 고민하는 시대에 마을자치는 삶의 보람, 사회적 공헌, 그리고 안정적인 직장을 모두 얻을 수 있는 일이라 할 수 있다. 문제는 이 책에서 말하는 마을자치의 과정을 열의와 끈기로 해내는 것이다. 사회에 기여하고 싶지만 방법과 길을 모르는 사람들에게 이 책이 하나의 영감으로 작용하길 간절하게 바란다.

목 차

1부

매일 같이 밥 먹는 동네

1장 양떡메 마을기업 스토리

1. 농사 잘되는 것 말고는 볼 것 없는 동네

하남 마을(양떡메 마을)이 자리한 경상남도 합천군 초계면은 약 1억 년 전에 거대한 운석 충돌로 생성되었다고 추정되는 초계분지 안에 위치하고 있다. 동서 길이 8km, 남북 길이 5km, 분지를 둘러싸고 있는 산 둘레가 32km에 달하는 이 초계분지는 그 안에 합천군 초계면과 적중면을 모두 담고 있을 만큼 거대하다. 분지 안에는 8개의 작은 하천이 흐르고 지형은 매우 평탄하여 예로부터 촌락들이 형성되고 수리시설이 잘되어 각종 벼, 콩, 양파와 같은 논작물, 밭작물이 풍부하게 생산되고 있다. 매월 5, 10, 15, 20, 25, 30일에는 초계 5일장이 열린다.

조선시대에는 합천군 동부 지역을 관할하던 초계현이 이곳에 있었고 임진왜란 중에는 도원수 권율 장군의 진영이 있기도 하였다. 임진왜란 중 백의종군하던 이순신 장군이 초계현 권율 장군의 진영에 들러 46일을 묵는 도중에 원균이 이끄는 함대가 왜적에 의해 철저히 궤멸되었다는 소식을 들은 곳이기도 하다.

<그림 1> 초계분지 안에 아늑하게 자리 잡은 하남 양떡메 마을 전경

역사적으로는 유서가 깊은 곳이긴 하지만 들이 넓어 농사가 잘된다는 것 말고는 달리 내세울 만한 것이 없는 곳이기도 하다. 사람이 없어 농사를 못 짓지 땅이 없어 농사를 못 짓는 시대는 아니니 들이 넓다는 것이 큰 장점이 되기는 어렵다. 교통도 그리 좋은 편은 아니다. 서울에서 자동차로 쉬지 않고 달려서 4시간 정도 소요되며 가장 가까운 고속도로 출구에서도 자동차로 약 40분이 걸린다.

초계면의 권율, 이순신 장군의 사적지에서 보듯이 하남 마을은 이미 450여 년 전부터 초계 변(卞)씨, 연안 차(車)씨, 여양 진(陳)씨 등이 터를 잡고 약 53ha의 넓은 들에서 벼, 양파, 마늘 재배와 축산을 같이하면서 다른 농촌 마을이 부럽지 않을 만큼 살아온 전통 깊은 마을이었다. 그러나 산업화, 도시화의 거센 바람 속에서 하남 마을도 젊은 사람들이 자녀교육을 위해 도시로 나가고 남아 있는 사람은 고령화되는 등 서서히 활력을 잃어가기 시작했다.

도시로 탈출하지 못하고 마을에 남아 농사를 짓던 사람들은 1980년대, 90년대 내내 계속된 도시의 눈부신 발달에 반비례하여 상대적 박탈감에 빠질 수밖에 없었다. 거기다가 마늘과 양파 가격은 한 해가 멀다하고 폭락과 폭등을 거듭하여 농사 짓기는 더욱 팍팍한 일이 되었다. 박탈감과 농사의 시름에 지친 사람들은 자연스럽게 술에 의지하게 되었으며 하남 마을에는 큰 술집이 3개나 생겨 초계면의 농민들을 고객으로 불러들였다.

1990년대까지만 해도 하남 마을은 '술집과 도박꾼들의 마을'이었다. 60여 가구 남짓 되는 마을에 큰 술집이 세 곳이나 있어 인근에서 모여든 술꾼들의 싸움과 노랫소리로 동네가 시끄러웠다. 여기에 더하여 술과 함께 따라다니는 화투 도박이 술집과 농가 곳곳에서 벌어져 눈에 핏발이 선 낯선 사내들이 마을 길 분위기를 흉흉하게 만들었다. 이러한 연유로 합천 지역에서 하남 마을의 평판은 밑바닥 수준이었다. 그러나 열심히 살아가는 주민들은 다시 하남 마을을 일으켜 세울 날을 준비하고 있었는데 20대 후반에 도시에서 이 마을에 시집온 성영수 씨와 그의 남편 진영득 씨가 바로 그들이었다.

2. 하남 마을 최초의 여성 이장

농촌에서 마을 이장은 주민 입장에서 보면 마을 심부름꾼이며, 면사무소와 같은 행정 관청의 입장에서 보면 행정의 손과 발과 같은 보조 일꾼이다. 마을주민의 갈등을 중재하고 필요한 경우 마을사람들의 의견을 모아서 면사무소 등에 전달하는 역할을 한다. 면사무소의 손이 미치지 못하는 일들을 마을 내에서 대신하기도 하는데 각종 공지사항이나 정책을 전달하는 것이 그것이다. 보통 면사무소 공무원들은 마을에 전달하거나 마을 상황을 조사하는 일의 대부분을 이장을 통해서 처리한다고 할 수 있으므로 이장은 국가와 주민을 연결하는 가장 낮은 고리이다.

이장이 일하는 시간은 정해져 있지는 않다. 면사무소에서 부르면 가야 하고 밭에서 일을 하다가도 외지인이 방문한다든가 하면 서둘러 맞아야 하는 경우도 있다. 이장은 보통 마을주민들이 선거로 선출하고 임기는 2년이며 연임에는 제한이 없다. 이장은 월 20만 원의 수당을 국가로부터 받는다.

마을 발전에 있어 이장의 역할은 결정적이라 할 수 있다. 이장이 유능하고 똑똑하면 각종 정부 지원금을 끌어올 수 있으며 마을의 숙원 사항을 군수 등에게 건의하여 해결할 수도 있다. 그리고 이장은 마을의 공식적인 리더이므로 마을주민을 규합하여 각종 공동사업을 해볼 수도 있다. 이장이든 대통령이든 어떤 사람을 뽑느냐가 매우 중요한 것이다. 그리고 면사무소는 물론이고 군청 공무원과 이장과의 관계는 서로 상생관계다. 이장이 능력이 있어서 중앙정부나 도청의 지원금을 끌어오게 되면 공무원들은 그 과정에서 약간의 행정적인 지원을 해준 다음 이를 자신들의 실적으로 활용할 수 있다. 이장 입장에서는 공무원들과 관계를 잘 유지하면 다른 마을에 앞서 지원을 받거나 정보를 제공받는 데 유리하다. 그러므로 공무원과 이장은 서로 잘 만나는 것이 아주 중요하다.

이장의 역할과 위치가 이렇게 중요함에도 불구하고 그동안 이장은 남성들의 전유물로만 인식되어 왔다. 그러나 많은 사람이 도시로 빠져 나간 농촌에서 농업과 마을의 혁신이 화두로 등장한 터에 언제까지나 한정된 중년남성 중에서만 이장 후보자를 찾을 수는 없게 되었다. 결국 2003년부터 전국적으로 여성 이장이 하나둘 등장하기 시작했다. 여권이 신장되고 농촌 인구가 전반적으로 고령화된 상황에서 여성 인력을 최대한 활용하고 남녀평등의 문화를 만들어보자는 의도에서 군청에서도 여성 이장 제도를 장려했다. 합천군에서도 2003년에 여성을 이장으로 뽑는 마을에 대해서는 3천만 원의 보조금을 준다는 정책을 내걸었다. 3천만 원의 보조금이 탐(?)이 난 하남 마을주민들은 마을총회를 열어 당시에 합천군 생활개선위원회 회장으로 활발히 활동을 하고 있던 여성 성영수 씨를 이장으로 추대했다. 물론 성영수 씨가 이 마을에 시집와서 그동안 보여준 능력과 품성에 대한 믿음도 있었다. 여성 이장 제도를 계기로 성영수 씨를 이장으로 뽑은 이 결정이 앞으로 하남 마을에 상상하지 못할 정도로 변화의 바람을 가

<그림 2> 마을급식소에서 매일 같이 점심을 먹는 주민들 -
100여 명의 마을주민 모두에게 무료로 준다. 새 건물이 완공되는
2019년부터는 점심, 저녁식사를 모두 줄 계획이다

져오게 될 줄을 그 당시 주민들은 어느 누구도 상상조차 하
지 못했다.

3. 하남 마을로 시집온 부산 도시 처녀

성영수 씨는 부산에서 태어나 1970년 부산에서 중학교까지
졸업했다. 당시로서는 여성의 교육과 사회 활동에 대한 인식
수준이 낮아 부산에서 여자 아이를 중학교 이상 공부를 시키
는 경우는 많지 않았다. 영수 씨의 부모는 영수 씨가 고등학
교를 가는 대신 다른 아이들처럼 일을 하여 가정을 돕기를 원
했다. 부모의 뜻에 따라 영수 씨는 부산에서 한참 붐이 일어
나던 섬유공장에 취직하여 돈을 벌었다.

섬유공장을 다닐 때까지만 해도 영수 씨는 인생의 특별한 꿈을 가지고 있지는 않았다. 그저 시집을 잘 갔으면 좋겠다는 평범한 꿈이 있었을 뿐이었다. 어느덧 20대 후반이 되어 혼기가 차자 영수 씨는 중매를 통해 하남 마을에서 새마을 영농후계자로 (말이 좋아 영농후계자이지 그냥 젊은 농부였던) 농사를 짓던 진영득 씨에게 시집을 오게 되었다. 남편 영득 씨는 여양 진씨 11대 조상부터 대대로 하남 마을에서 터를 일구고 살아온 토박이였다. 항상 공부에 대한 열정을 간직하고 있던 남편 영득 씨는 곧 새마을 영농후계자를 대상으로 치른 공무원 특별채용시험에 합격하여 말단 공무원으로 초계면사무소에서 일하게 되었다.

도시에서 나서 농사란 한 번도 지어보지 못한 채 하남 마을 농부의 아내가 된 영수 씨는 시집와서 처음 1년간은 모내기와 같은 농사일을 거들었으나 곧 인근 지역 농공단지에 섬유공장이 들어서자 예전 경험을 살려 마을의 다른 부녀들과 함께 기능직으로 취직하여 약 4년을 다니며 남편의 부족한 공무원 월급을 보충하였다. 원래 일머리 파악이 빠른데다가 예전에 방직공장에서 일해본 경험이 있어 영수 씨는 금방 조장, 반장으로 승진하여 말단 공무원인 남편의 봉급보다 더 많은 월급을 집에 가지고 왔다. 아마 영수 씨가 시어머니의 병구완을 위하여 섬유공장을 그만두지 않았다면 그 성실성과 기술로 공장에서 상당한 위치에까지 올라갔을 가능성이 충분히 있었다. 시어머니가 병으로 돌아가신 후에 영수 씨는 초계중학교 앞에서 분식집을 하면서 나름대로 장사 수완을 발휘하기도 하였다.

영수 씨는 한 학생의 제안을 받아들여 떡볶이를 먹으러 오는 중학생들에게 튀김이든 삶은 계란이든 얼마간 더 얹어주고 대신에 학생들이 셀프서비스로 스스로 음식을 가져다 먹고 치우도록 했다. 그러자 주머니가 가벼운 학생들은 같은 돈에 더 많은 음식을 먹을 수 있어 모두 좋아했다. 여기에 사람을 대하는 영수 씨의 친화력까지 더해져 분식집은 꽤 장사가 잘되었고 곧 10평 남짓의 매장이 좁아 살림집이 딸린 30평 정도의 매장을 임대하여 이전해야 할 정도였다.

영수 씨의 분식집 경력은 이후 영수 씨가 마을기업의 리더로 성장하는 데 중요한 의미를 갖는다. 먼저 영수 씨의 분식집은 나름대로 성공을 거둔 것으로 평가할 수 있으며 나중에는 학생과 동네 아주머니 아르바이트를 고용하고 가게를 30평대까지 확장하기도 하였다. 이 경험을 통해 영수 씨가 사람을 대함에 있어 특별한 친화력이 있어 누구에게나 웃는 얼굴로 대해주고 상대방을 편하게 해주는 능력이 있다는 것이 다시 입증되었으며 이는 이후 마을 리더로 활동하는 데 큰 도움이 되는 요소였다.

초계면 하남 마을로 시집온 지 10여 년 이상이 지나면서 영수 씨는 그 친화력과 정직성으로 지역 사회에서 주민들의 신망을 얻게 되었으며 결국 초계면 생활개선협회 회장으로 추대되었고 곧 합천군 생활개선협의회 회장까지 맡게 되었다. 생활개선협회는 농촌생활의 향상을 위하여 조직된 여성 중심의

모임으로 군청의 지원을 받고 군청의 시책에 협력하는 관변
단체였으며 군청 내 농업기술센터의 지원을 받고 있었다.

2003년부터 전국적으로 여성 이장의 열풍이 불기 시작했을
때 하남 마을주민들이 영수 씨를 최초의 여성 이장으로 추대
한 것은 실로 '신의 한 수'였다. 그때까지 영수 씨 스스로도
몰랐던 것이지만 이미 영수 씨 마음속에는 '주민들이 서로 돕
고 더불어 잘사는 마을'을 만들고 싶다는 꿈과 열정이 가득
차 있었고 실제로 이를 위해 앞으로 나아갈 수 있는 추진력,
리더십, 장사 수완, 대인관계 능력도 가지고 있었는데 지금까
지는 이를 발휘할 기회가 없었던 것이었다.

2003년부터 2008년까지 6년간 이장을 맡았던 영수 씨가 이
장 일을 수행하는 방식은 좀 더 주민에게 다가가는 것이었다.
그 전에 이장들은 주민들에게 알릴 사항이 있으면 으레 마을회
관으로 가서 마이크를 잡고 방송을 했다. 영수 씨는 사안별로
보아 일부 주민에게만 해당되는 내용은 방송을 하기보다는 직
접 그 주민의 집으로 찾아가서 설명을 하는 방식을 선택했다.
주민들의 집을 직접 찾아가보니 사람 사는 형편도 알 수 있게
되었고 특히 부녀자와 독거노인들이 삼시세끼를 해먹고 사는
데 어려움을 겪는다는 것을 절실히 피부로 느끼게 되었다.

농업 노동과 가사 노동의 이중고에 시달리는 농촌 부녀자들
은 한국 사회에서 가장 차별을 받는 계층 중의 하나일 것이다.
약 2백5십만 명으로 전체 농촌 인구의 52%를 차지하면서도
농촌 여성들은 남성 이상의 고된 육체노동에 더하여 가정에서

<그림 3> 마을기업 축제에서 제품을 홍보하는 성영수 위원장과
그 부군 진영득 홍보부장

는 밥 짓기 등 가사와 자녀교육까지 맡고 있는 것이 현실이다.
이들에게는 '농촌 사람'이라는 사회 경제적 굴레와 '여성'이라
는 성적 굴레가 이중으로 씌워져 있다.

영수 씨가 이장으로서 마을 부녀자들에게서 본 것이 바로
이것이었다. 마을 부녀자들의 가장 큰 애로는 하루 종일 양파
밭, 마늘밭에서 일하면서도 동시에 자신과 가족이 먹을 식사
준비를 해야 한다는 것이었다. 농사일에 바쁜 나머지 영양이
부족한 밥과 된장으로만 대충 먹어치우는 경우도 많았다. 그
리고 배우자와 사별하고 혼자 사는 7, 80대의 독거노인들도
식사를 차려 먹을 힘이 없거나 식사 준비가 귀찮다는 이유로
건강을 해칠 정도로 아무렇게나 먹고사는 경우가 다반사였다.
주민들의 집을 다니면서 부녀자와 독거노인들의 이러한 사

정을 깊숙이 알게 된 영수 씨는 마을에서 주민들에게 밥을 제공하여 줄 수 있다면 이런 애로들을 해결할 수 있을 것이라는 생각을 하게 되었다. 영수 씨의 이러한 갸륵한 생각은 이장직을 물러난 다음 해인 2009년부터 전체 마을주민 대상 전면 무상 점심 제공이라는 파격적이고도 신선한 복지 서비스를 도입하게 된 배경이 되었다.

4. 양파 대란, 위기를 기회로 만드는 방법을 찾다

양파의 주산지는 전라남도·경상남도·경상북도이며 3도에서 전체의 86%를 생산하고 있다. 전라남도는 밭 재배가 많으나 합천과 같은 경상남북도는 논을 이용한 2모작이 많다. 고대 이집트에서도 재배될 정도로 역사가 오랜 작물이며 비타민(A, B1, B2, C)이 함유되어 있어 동맥경화, 고혈압을 예방하고 피로를 회복시키는 효과가 있는 것으로 알려져 있다.

합천에서 재배하는 중, 만생종 양파는 8월 상순에서 9월 상순경에 노지에 표판에 파종하고 50~55일 가량을 묘를 기른 다음 11월 초에 묘를 논에 옮겨 심는데 이를 '정식'이라고 한다. 수확은 겨울을 지내고 다음해 6~7월경에 한다.

양파는 내한성이 약해 기온이 상대적으로 높은 제주도와 경남, 전남 지역에서 주로 재배되며 합천군은 전국 3위의 양파 산지이다. 하남 양떡메 마을 등 합천의 농가들은 논에서 벼와 양파를 이모작하나 가을에 두 작물의 재배시기가 약간 겹치다 보니 합천에서 양파를 재배하는 농민들은 벼농사를 약간 소홀히 하는 편이다. 즉, 가을 제때에 양파 묘를 정식하기 위해서는 아직 벼가 충분히 익지 않았더라도 벼를 베어 수확하는 경우도 있는 것이다. 그만큼 양파 농사는 벼 농사보다 더 하남 주민들의 중요한 수입원으로 간주된다.

양파는 묘판에서 묘를 키우는 육묘, 묘를 본밭에 심는 정식, 병충해 방제, 수확의 네 단계를 거치는데 단계마다 많은 노동력이 소요된다. 양파는 배추, 마늘, 무와 함께 해마다 가격 등락폭이 매우 심한 작물에 속한다. 양떡메 마을에서는 양파즙의 재료로 사용하기 위해 논에 중, 만생종을 재배하고 있다. 봄, 초여름 양파는 물기가 많고 단맛이 강해 생채, 샐러드 등에 사용되며 가을양파는 단단하고 매운맛이 강해 고기요리, 양념 등에 사용되고 있다.

양파는 보통 양파 몸통(구)의 지름 길이에 따라 대중소로 구분하는데 보통 지름이 9cm 이상이면 특상, 8cm까지는 상, 7cm까지는 중, 6cm 이하는 하품으로 친다.

그런데 2004년에 양파 대란이 일어났다. 양파 생산이 갑자기 늘어난 데다 저렴한 수입 양파까지 가세하면서 보통 2,000~3,000원 하던 상품 양파 도매가격이 4kg당 1,000원까지 떨어졌다. 농협에서 양파를 수매해준다고 해도 농민은 수매가격에서 양파 수확을 위한 인건비, 양파 운반을 위한 상차비와 하차비를 제해야 한다. 4kg당 도매가격 1,000원으로는 운반비와 수확 인건비도 나오지 않는 형편이라 성격이 급한 주민들부터 밭에서 양파를 그대로 갈아엎기 시작했다. 양파밭 곳곳에 운반을 포기하여 썩어가는 양파들이 넘쳐났다.

일 년 전에 마을 이장이 된 성영수 씨는 마을개발위원장, 남녀 새마을지도자, 마을노인회장 등 주요 인물들과 머리를 맞대고 해결책을 논의했다. 이참에 해마다 출하가 안 돼 버려야 하는 중품, 하품 양파에 대한 근본적인 대책을 세워보자는 의견도 나왔다. 매년 널뛰듯 하는 양파 가격에 휘둘리지 않기 위해서는 양파를 농협에 출하하는 것보다는 직접 마을에서 양파즙을 가공해서 판매하자는 아이디어가 나왔다. 모두 좋은 생각이라고 찬성했지만 문제는 양파즙을 내고 포장하는 설비를 마련하는 자금이었다. 주민들에게는 양파즙 공장을 짓는 자금은 큰 부담이었고 만일 주민들에게 십시일반 얼마라도 부담하라고 할 경우 차라리 사업을 하지 말자는 의견이 나올 것이 불 보듯 확실했다. 어디서 공동사업의 종자돈을 구할 것인가? 좋은 수가 나길 기다리는 수밖에 없었다.

5. 농촌건강장수마을과 1억3천만 원의 보조금

양파 대란이 한창이던 2004년 말, 면사무소에서 일하다 퇴근한 영수 씨의 남편 영득 씨가 안내문을 한 장 들고 와서 영수 씨에게 보여주었다. 그 내용은 농촌진흥청에서 2005년부터 농촌건강장수마을[1] 지원사업을 시행한다는 것이며 만일 선정될 경우 3년에 걸쳐 총 1억3천만 원의 보조금을 주겠다는 것이었다. 단돈 몇 백만 원만 있으면 콩을 사서 메주를 만들어 팔아볼까 궁리하던 차에 1억3천만 원은 뿌리치기가 불가능한 유혹이었다.

게다가 건강장수마을 사업을 신청받아 선정 여부를 결정하는 기관은 합천군 농업기술센터였다. 합천군 농업기술센터는 영수 씨가 4년간 회장을 역임한 합천군 생활개선협회를 담당하는 부서로 영수 씨는 농업기술센터의 주요 간부들과 매우 좋은 관계를 유지하고 있었기 때문에 사업계획서만 잘 작성하면 선정은 어렵지 않을 것으로 생각되었다.

사업계획서를 작성하는 것은 면사무소에서 일하는 남편 영득 씨의 몫이었다. 글 솜씨가 있는 영득 씨는 선정이 될 경우 마을에 농산물 단순 가공시설을 갖추어 노인들의 소일거리 차원의 소득사업으로 양파즙, 떡가래, 메주 가공사업을 추진하여 '부자마을, 행복한 마을, 깨끗하고 아름다운 마을을 만들겠다'는 포부를 제시했다. 영득 씨가 공들여 작성한 사업계획서 덕분이었는지, 아니면 농업기술센터에 대한 영수 씨의 안면 때문이었는지는 모르지만 영수 씨의 간절한 바람대로 결국 하남마을이 건강장수마을 지원 대상으로 선정이 되었다.

사업 첫해인 2005년에 1차 보조금으로 4천만 원을 받아든 영수 씨와 주민들은 그중 3천6백만 원을 투자하여 우선 마을

---

1) 이 사업은 농촌진흥청에서 농촌노인에게 농업과 전통문화 영역에서 알맞은 일거리를 발굴하여 생산적인 일을 할 수 있도록 지원하고, 생활환경 정비, 건강관리, 사회활동 참여 등의 체계적인 실천으로 건강하고 보람 있는 새로운 장수문화를 정립하고자 하는 목적으로 2005년부터 시작한 농촌마을개발 지원사업으로 사업 첫해인 2005년에 100개의 마을이 선정되었고, 2006년 200개소, 2007년 50개 등이 선정되어 지원을 받았다.

회관 바로 앞에 있는 마을공동 부지 위에 농산물 가공공장을 지었다. 주민들이 직접 메주를 빚고 양파즙을 짜고 가래떡을 뽑아낼 작업장이었다. 그리고 남은 4백만 원은 모두 메주콩을 사서 부녀회원들에게 나누어주고 각자 집에서 콩을 삶은 다음 모두 새로 지은 공장으로 가지고 오라고 했다. 마을 부녀들은 매년 각자 집에서 논두렁에서 나온 콩으로 메주를 빚어 간장과 된장을 빚어 먹었기 때문에 모두 메주 만드는 일이라면 자신 있어 했다. 그러나 누구 하나 대량으로 메주를 만들어본 적이 없는 것이 문제였다. 한 번에 10장 정도의 메주는 만들어보았지만 판매를 위해서 100장 이상을 한꺼번에 만들어본 적은 없었던 것이다.

100장 이상의 메주를 벽돌 모양으로 만들어 숙성을 위해 공장에 걸어놓자 너무 많은 메주에서 발생하는 수분을 견디다 못해 메주가 허물어지거나 하얗게 곰팡이가 피는 문제가 발생했다. 많은 메주를 한꺼번에 한 장소에서 말리는 데서 생긴 문제였다. 메주는 발효식품이라 대량생산 시에는 적정 습도와 온도, 그리고 환풍을 유지해주어야 하는데 각자 집에서 조금씩 만들어보던 경험에만 기댄 것이 잘못이었다. 급하게 선풍기를 트는 등 우여곡절 끝에 생산된 완제품 메주는 크기가 들쭉날쭉하는 등 상품으로 도저히 팔 수 없는 수준이었다. 하지만 부녀회원들은 그대로 알음알이로 지인들을 통해 메주를 모두 팔아치웠다. 모양이 사나울지라도 품질은 괜찮다고 주민들이 자신했기 때문이었다. 메주 생산은 다음 해에도, 그다음 해에도 쉽지는 않았다. 양파즙, 가래떡에 비하면 메주는 발효 공정이 있어 메주콩을 삶는 대형 솥도 갖추지 못한 수준의 기술과 설비를 가지고서는 제조가 매우 까다로운 상품이었다. 그럼에도 고무적인 것은 영수 씨의 주도하에 마을 부녀들이 순전한 노동을 투입하여 만든 메주들을 전량 판매하는 데 성공하였다는 것이다.

부녀회 메주 가공 및 판매 사업은 사실 본격적인 사업에 앞선 시험 사업이었다. 판로가 보장되어 있지 않은 상태에서, 그리고 자신들이 만들어낸 메주의 상품성에 대한 확신이 없는 상태에서 과연 영수 씨를 중심으로 주민들이 서로 협력하여 메주 100장을 만들어낼 수 있는지, 그리고 그것을 주민의 힘으로 팔 수 있는지를 확인해보는 것은 반드시 필요한 과정이었다. 영수 씨와 주민들은 이를 통해 농산물 가공사업에 대한 자신감을 얻었고 이를 반신의하며 지켜보던 남자 주민들도 영수 씨의 사업모델이 성공 가능성이 있다고 생각하기 시작하고 지원해주기 시작했다.

<그림 4> 양파즙, 가래떡, 메주 가공공장 - 전국에서 체험학습과 견학차 찾아온다

6. 화합의 비결

여기까지는 마을 리더 영수 씨에게도, 또 하남 마을주민에게도 매우 순조롭게 일이 풀린 것이라 할 수 있다. 영수 씨 입장에서 보면 마을 이장이 된 지 2년도 채 안 되어 1억3천만 원이라는 거금을 마을로 가지고 왔으니 대단한 업적을 올린 셈이고 마을주민의 입장에서도 영수 씨를 리더로 믿고 따를 충분한 이유가 또 하나 생긴 셈이다. 그러나 정부에서 현금을 지원하는 농촌마을 개발사업에 조금이라도 관심이 있는 사람이라면 누구나 이제부터 본격적인 사업의 시작이고 주민들 사이에 문제가 발생한다면 바로 이제부터라고 생각할 것이다.

건강장수마을 사업은 당초의 계획대로 잘된 사업이라고 말하기는 어렵다. 2007년에 농촌진흥청은 전문기관에 의뢰하여 2005년도에 건강장수마을로 선정된 전국 100개 마을에 대해 전수 설문조사를 실시하였는데 그중에는 사업 진행 상의 애로사항을 묻는 질문도 포함되어 있다. 설문조사 결과 나타난 건강장수마을 추진에 있어 가장 큰 애로는 주민의 참여부족과 주민 간 갈등이었다.

<표 1> 2005년도 선정 100개 건강장수마을의 애로사항

	응답 수	세부내용(숫자는 응답 수)
주민참여 부족	47	참여 인원 부족 29, 농번기 참여 부족 10, 협동심 부족 8
주민 간 갈등	44	주민의 합의 도출 26, 수익금 배분 9, 청장년층 비협조 4, 추진위원 간 갈등 3, 사업지역 광역으로 인한 어려움 2
예산 사용	37	사업 후 정산으로 인한 자부담 18, 사업비 부족 17, 운영비 사용의 어려움 2
공공 활동	25	공공활동 추진 20, 잦은 모임/활동에 대한 부담 4, 공동 기금 마련 1
소득 사업	11	판로 부족 8, 의무적 추진 부담감 2, 사업 소재 선정 1

* 농촌건강장수마을 성과분석과 지속적 발전방안, 2017, 농촌진흥청

농촌건강장수마을 성과분석과 지속적 발전 방안, 2017, 농촌진흥청

사업계획서를 잘 써서 정부 지원을 타낼 수는 있지만 많은 경우 정부 지원금은 마을 갈등의 불씨가 되어 마을 화합의 입장에서 보면 차라리 안 받는 것이 나을 때가 있다. 갈등은 주로 지원금의 사용 방식을 둘러싸고 전체 주민들 간에 합의가 이루어지지 않을 때 발생한다. 정부에 제출한 사업계획서에 자금사용 계획이 나와 있기는 하지만 주민 전체가 참여하여 작성한 것이 아니므로 다시 합의를 이루는 과정이 필요한데 실제로 들어온 거액의 현금을 두고 합의를 이루는 일은 주민들 간에 사전 공감대와 상호 신뢰가 없으면 쉽지 않은 일이다. 현금을 주민들에게 고르게 나누어주는 것이 최선의 방책이라 할 수 있지만 정부 지원금은 예외 없이 주민 공동으로 사업을 집행하는 데에만 사용해야 하므로 그럴 수는 없다. 의사소통

과 신뢰가 충분치 않은 집단에서 공동의 돈을 사용하는 방법에 구성원 모두가 합의한다는 것은 정말 어려운 일이다.

실제로 2000년대 초부터 농촌마을 개발지원 정책이 쏟아져 나오면서 건강장수마을뿐만 아니라 이런저런 명목으로 정부에서 개발 지원금을 받은 많은 마을들이 주민 갈등의 문턱을 넘지 못하고 아까운 돈만 낭비한 사례는 너무도 많다.

그러나 하남 마을에서는 지원금을 받은 후에도 갈등이 거의 일어나지 않았다. 그 이유에는 여러 가지가 있겠지만 그중 가장 큰 것은 영수 씨가 상당히 오랫동안 주민들과 함께 호흡하면서 마을사업의 추진 방향에 대한 공감대를 이루어온 때문이라 할 수 있다. 2003년에 최초의 여성 이장으로 취임한 영수 씨는 당시에 비록 아무런 자금도 없었지만 무작정 돈이 들어올 때까지 기다린 것이 아니었다. 이장이 된 영수 씨는 역시 마을의 리더인 개발위원장, 노인회장, 남녀 새마을지도자, 그리고 남편 영득 씨와 함께 마을발전 방안에 대해 수시로 의견을 교환하였으며 양파즙 등 농산물 가공사업을 하여 가격 폭락에 대비하고 마을 소득을 올린다는 계획도 이 핵심 그룹의 논의를 통해 점차 구체화된 것이었다. 영수 씨는 우선 마을 슬로건을 '꿈과 희망이 있는 마을'로, 실행 목표는 '부자 마을, 행복한 마을, 깨끗하고 아름다운 마을 만들기'로 하기로 주민들과 합의하고 이를 이루기 위해 마을기업을 추진할 것을 제안했다.

그리고 마을 만들기 방법과 절차, 노하우를 배우기 위해 행

<그림 5> 양떡메 마을의 주민광장 – 여기서 주로 마을잔치가 열린다

정기관에서 주관하는 교육마다 빠짐없이 (아마도 수십 번) 참여하여 전문가의 조언은 물론 다른 마을의 성공사례를 듣고 질문도 하면서 마을 리더로서 기초를 단단히 다졌으며 배운 것을 마을의 핵심 리더들과 다시 나누며 토론하는 시간을 거쳤다. 이러한 과정을 반복하면서 영수 씨와 핵심 리더 그룹 간에 신뢰는 물론 의사소통에서도 단단한 팀워크가 형성되어 마을 의견을 주도하는 데 큰 어려움이 없게 되었다.

7. 주민 세일즈의 힘

건강장수마을로 지정되어 받은 보조금 1억3천만 원 중에 첫해에 받은 4천만 원은 앞에서 이야기했듯이 농산물가공 공장 신축과 메주콩 사는 데에 모두 사용했다. 다음 해인 2006년에는 5천만 원을 받아서 그중 반을 투자하여 전년도에 지어

놓은 가공 공장에 양파즙 짜는 기계, 메주콩 삶는 기계, 그리고 가래떡 뽑는 기계를 들여놓아 이제 본격적으로 제품 생산을 할 수 있게 되었다. 나머지 2천5백만 원은 마을회관 내에 노인을 위한 화장실을 설치하는 등 마을회관 개선에 사용했다. 그리고 마지막 해인 2007년에 4천만 원을 받아 제품 생산에 필요한 기계를 추가로 구입했다.

　기계가 설치되자 양파즙, 떡가래, 메주가 술술 만들어지기 시작했다. 이제 파는 문제를 생각해야 할 때였다. 성 이장은 두 가지 판매 방안을 생각했다. 그 하나는 주민들을 판매원으로 활용하는 것이었다. 성 이장은 주민들에게 도시에 나가 있는 아들, 딸, 친지에게 양파즙과 떡가래를 소개하여 팔면 판매액의 10%를 무조건 판매 수당으로 지급하겠다고 약속했다. 이 방식은 효과가 있었다. 주민들은 처음으로 고된 농업 노동 외에 세일즈를 통해 과외 수익을 올릴 수 있다는 데 큰 관심을 보였다. 그리고 주민들이 물건을 파는 것이 그다지 어렵지 않았던 것이 양파즙, 가래떡, 메주의 품질이 매우 좋으면서도 가격은 아주 저렴하였기 때문이다.

　우선 액상차로 가공되고 있는 양떡메 양파즙은 깨끗하게 세척한 뿌리와 껍질을 함께 달여 만들어 약간 검은색이 돌면서 한약재 맛도 난다. 양파즙은 혈관 내 콜레스테롤과 혈전을 억제해주고 혈액순환을 원활하게 해주는 퀘르세틴이라는 성분이 풍부해 혈관질환개선에 매우 효과적이라는 연구 결과도 있다. 그럼에도 양떡메 마을의 양파즙은 110봉에 3만 원으로 단가가 1봉에 300원도 채 되지 않는다. 반면에 다른 지역에서 직거래로 판매하는 양파즙들은 1봉당 가격이 700원에서 400원 수준으로 가격 면에서 비교가 되지 않는다.

가래떡도 이 마을에서 난 벼로 도정한 지 일주일 이내의 햅쌀만 사용하여 매우 신선한 떡을 생산한다. 그러므로 일 년 내내 떡을 팔지 못하고 가을 추수기 이후부터 이듬해 봄까지만 판다. 그럼에도 가격은 10kg에 4만 원으로 시중가 6, 7만 원보다 매우 저렴하다. 품질과 가격 조건이 좋다보니 주민의 소개로 한 번 구매한 사람들은 대부분 재구매 고객으로 전환되었다. 그리고 만일 도시에 있는 자녀들이 소개를 하여 물건을 판매하면 마을에 살고 있는 부모에게 박스당 얼마씩 인센티브를 지급하는 방식을 도입했다.

그다음 방법은 초계면 출신으로 도시에 나가 사는 사람들, 일명 출향인사(出鄕人士)들에게 직접 판촉을 하는 것이었다. 성 이장 명의로 안내 편지를 작성하여 초계초등학교, 초계중학교, 초계고등학교 출신 도시인들에게 편지를 보냈다. 이러한 판촉 전략과 우수한 품질에 저렴한 가격이 함께 작용하여 입소문을 타고 고객이 기하급수적으로 늘어나기 시작했다. 2007년부터는 갑자기 주문량이 늘어나 성 이장을 비롯한 주민들이 물건을 만드느라 며칠 밤을 새며 코피를 흘리기도 하였다. 먹어서 소비하는 상품이다 보니 1년 내내 재구매가 일어나고 있으며 현재 약 1만2천 명의 누적 고객이 컴퓨터에 등록되어 있다.

영수 씨는 주민들에게 가능한 한 많이 판매수당을 주기 위해 특별한 방식을 고안했다. 전화로 주문이 들어오면 반드시 누구의 소개로 구매하게 되었는지, 하남 마을에 아는 사람이 누구인지를 물어보고 판매 대장 한편에 그 주민의 이름을 적어두었다가 한 달에 한 번 일괄적으로 10%의 수당을 지급했다. 그러다 보니 주민의 입장에서는 자신도 모르는 사이에 수당이 누적되어 수당 봉투를 받는 기쁨을 누리게 되었다. 생각하지도 못한 수익을 누리게 된 주민들은 판매의 동기가 훨씬 강화되었고 이는 다시 매출의 증대로 선순환되었다.

판매 수당은 매월 마을회관에 전 주민이 모인 가운데 흰 봉투에 현금을 넣어 꼬박꼬박 지급했다. 주민 상호간에 자극을 주고 주민 개인에게는 자부심을 주기 위한 방식이었다. 마을회관에서 수당 봉투를 받은 주민 중에서는 난생 처음으로 월급이란 것을 받아본다고 눈물을 흘리는 주민도 있었다.

8. 투명한 운영으로 신뢰를 얻다

이장이 되기 전부터 영수 씨의 성실성과 정직성은 익히 주민들에게 알려져 있었고 그 점은 이장이 된 후에도 변함이 없었다. 영수 씨는 이장 직무를 수행하면서 회의록, 방송기록, 공모서류 등을 모두 꼼꼼히 기록으로 남겨 불투명한 일처리로 인한 오해의 소지를 차단했다. 그리고 영수 씨 주변에는 오랫동안 영수 씨와 마을 발전 방안을 고민하면서 호흡을 맞추어온 개발위원장, 새마을지도자, 노인회장 등 핵심 그룹이 있어 주민들에게 마을기업의 운영 상황에 대해 영수 씨 대신 설명해주면서 영수 씨의 리더십이 원활하게 작동되도록 도와주었다.

그럼에도 어디에나 소수의 불평, 불만은 있을 수밖에 없었다. 상황이 안 좋은 마을인 경우에는 불평, 불만의 세력이 다른 주민들에게 부정적인 영향을 끼쳐 결국 마을이 둘로 쪼개지기도 하지만 영수 씨가 주민의 전폭적인 신뢰를 받고 있는 하남 마을에서는 한두 명의 불평하는 사람은 계속 소수로 고립되어 있다가 결국 불평을 포기하는 수밖에 없었다.

주민들이 마을회관에 모여서 술을 먹는 경우가 가끔 있는데 한 남자 주민이 술에 취해 마을회관에 들른 영수 씨를 겨냥하여 다음과 같이 말한 적이 있다.

"나도 성 이장이 열심히 일하는 것은 안다. 그러나 자신에게 돌아오는 이익이 없는 데도 그렇게 열심히 일할 사람은 없다. 정부에서 1억3천만 원을 지원받았다면 그중에서 성 이장이 얼마를 챙겼으니까 이렇게 마을 일을 열심히 한다고 볼 수 있지도 않겠는가?"

다른 주민들도 있는 가운데서 영수 씨가 정부 지원금의 일부를 횡령하였을 가능성이 있다고 영수 씨를 모욕한 셈이었다. 그 주민이 술에 취한 것을 본 영수 씨는 그 자리에서 아무런 말도 하지 않고 그저 술을 그만 드시고 들어가 주무시라고 하고 자리를 떴다.

다음 날 영수 씨는 그 사람의 집을 찾아가서 부드러운 낯빛으로 왜 자신을 의심하게 되었느냐고 물어보았다. 당사자는 고개를 들지 못하고 부끄러워하다가 결국 자신이 술에 취해 실수했노라고 영수 씨에게 사과했다.

이장을 그만두고 마을기업의 위원장을 맡은 후에 매출이 수억대로 늘어나자 다시 여기저기서 의심의 목소리들이 들리기 시작했고 영수 씨는 이를 일일이 해명하는 데 에너지를 낭비해야 하는 경우가 늘어갔다. 결국 영수 씨는 12명으로 구성된 주민운영위원회에서 위원장을 연임하지 않고 그만두겠다는 의사를 밝혔다. 운영위원들이 영수 씨에게 연임을 강권하자 영수 씨는 한 가지 조건을 내걸었다. 자신은 운영위원들에게 마을기업의 모든 운영 상황을 투명하게 공개하고 설명할 테니 전체 마을주민들에게 이를 설명하고 납득시키는 일은 운영위원 각자가 책임져달라는 것이었다. 그만큼 마을주민들 전체를 상대하여 마을기업의 운영 상황을 설명하는 것이 영수 씨에게는 힘들었던 것이다. 운영위원들이 영수 씨의 조건에 동의하여 영수 씨는 다시 운영위원장직을 연임하게 되었고 그다음부터는 운영위원들이 주민들에게 마을기업의 상황을 설명하게 되었다.

9. 양떡메 마을로의 개명과 전자상거래의 도입

하남 마을에서 만든 양파즙, 가래떡, 메주는 품질이 좋고 가격은 싸다는 입소문이 돌면서 매출은 하루가 다르게 늘어 갔다. 인근 지역 주민들도 예전에는 설 명절에 방앗간에 직접 쌀을 가지고 가서 가래떡을 만들었지만 언제부턴가 하남 마을에서 떡을 사는 것이 품질도 좋고 오히려 싸게 먹힌다는 인식이 퍼져 이제 합천군 전역에서 떡 주문이 밀려들기 시작했다.

설 명절을 앞두고는 주문 들어온 떡을 만드느라 영수 씨를 비롯한 주민들은 며칠 밤을 샌 탓에 코피를 흘리기도 했지만 그래도 장사가 잘되는 재미에 그럭저럭 중노동을 버티고 물량을 소화해냈다.

하남 마을의 매출 추이를 보면 실로 경이롭기까지 하다. 2005년에는 기계 설비 등을 갖추고 2006년 6월부터 본격적으로 양파즙, 가래떡, 메주 생산에 돌입하여 연말까지 약 4,000만 원의 매출에 600만 원의 순이익을 올렸다. 처음에는 주민들이 지인에게 소개하여 판매가 이루어졌으나 일단 품질이 좋고 가격이 상대적으로 저렴하다는 소문이 나면서 이듬해인 2007년부터 주문이 폭주하기 시작하여 가뿐히 매출 1억 원 고지를 돌파했다. 2007년만 해도 아직 설비의 현대화가 되어 있지 않아 주문에 맞추어 물량을 생산하느라 영수 씨를 비롯한 부녀 주민들이 며칠씩 밤을 새우고 코피를 흘려가며 일을 하였다. 다만 이를 겪으며 영수 씨와 주민들은 어떤 기계를 추가로 들여놓아야 능률이 오르고 노동력을 절약할 수 있는지를 뼈저리게 깨닫게 되었던 것이 큰 소득이었다. 매출은 평균 매년 5천만 원씩 성장을 거듭하여 2009년에 2억, 2013에 3억, 2017년에 4억을 각각 돌파하였다.

마침 2011년에는 행정자치부의 마을기업으로 등록하여 1억 원의 지원금을 받아 좀 더 최신식 설비를 들여놓아 노동력을 절감하고 생산성을 배가할 수 있었는데 앞서 언급했듯이 그동안의 생산 경험으로 공장에 무슨 기계가 추가로 필요한 것을 정확히 알 수 있었던 것이 지원금을 헛되이 쓰지 않을 수 있었던 요인이었다.

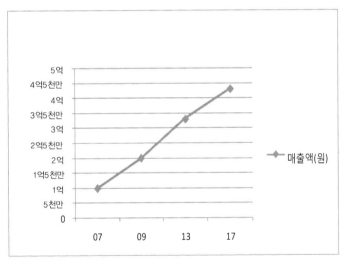

<그림 6> 하남 마을 연도별 매출 추이

이 같은 매출 급상승의 배경에는 전화 주문 방식에서 인터넷을 이용한 전자상거래 방식으로의 전환이 결정적인 역할을 하였는데 컴퓨터를 다룰 줄 아는 주민이 한 명도 없는 하남 마을은 정부의 지원금을 통해 전자상거래 시스템을 도입하였다. 영수 씨는 이번에도 정부의 지원을 활용하였는데 마을기업을 성장시키는 데 있어 하남 마을만큼 정부 지원을 적절하게 활용한 사례는 찾아보기 어렵다고 할 것이다.

2005년 처음 양파즙, 메주, 가래떡을 가공하여 판매할 때에는 영수 씨 등 어느 주민도 컴퓨터는 전혀 사용할 줄 몰랐고 위원장 겸 경리담당직원, 그리고 생산직원의 1인 3역을 담당했던 영수 씨가 고객으로부터 주문 전화를 받으면 이를 주문 대장에 기록한 후 상품을 만들고 배송하고 입금 여부를 확인하는 식이었다. 그런데 앞서 이야기하였듯이 주민들의 활발한 영업활동과 입소문으로 인하여 창업 2년이 넘은 2007년에는 이미 관리해야 할 고객 수가 5천 명이 넘어가게 되었다. 주문 접수, 입금확인, 배송확인 등 생산, 판매시스템의 전산화가 절실히 요구되는 시점이었으며 이에 대한 해결책은 다시 정부로부터 왔다.

영수 씨의 남편 영득 씨가 행정안전부에서 공모하는 정보화마을을 신청해보자는 아이디어를 냈다. 정보화마을2) 사업은 2001년부터 행정안전부가 추진한 마을 지원 사업으로 도시와 농촌 간의 정보화 격차를 해소하고 농촌 등 지역의 특산물,

---

2) 2018년 5월 기준으로 전국에 327개의 정보화마을이 있다.

문화, 자연자원 등을 온라인으로 판매하거나 소개할 수 있도록 컴퓨터를 지원하고 컴퓨터 활용 교육까지 시켜주는 사업이었다. 정보화마을로 선정될 경우 특히 매력적인 점은 마을에 정부가 월급을 지원하는 컴퓨터 전문가를 유급사무장으로 둘 수 있다는 것이었다.

이번에도 사업신청서와 사업계획서를 작성하는 것은 남편 영득 씨의 일이었다. 영득 씨는 사업신청서에 그동안의 마을기업 성과를 바탕으로 제품홍보, 고객관리, 주문관리 등을 위해서는 반드시 컴퓨터 설치 등 정보화가 필요하다고 역설하였고 결국 하남 마을은 다시 정보화마을 지원 대상으로 선정되어 2008, 2009년 2년에 걸쳐 3억 원에 달하는 컴퓨터 관련 설비와 교육, 그리고 유급 사무장을 지원받게 되었다. 덕분에 하남 마을은 제품도 홍보하고 마을도 소개하는 그럴싸한 홈페이지를 구축하고 인터넷으로 결제할 수 있는 시스템을 도입했다.

홈페이지를 통한 전자상거래 시스템의 도입 효과는 즉각 나타났다. 홈페이지를 통해 상세하게 상품을 소개하고 인터넷 주문이 가능해지자 매출은 금방 배로 뛰었다. 전자상거래 도입 전인 2007년에는 연간 매출액이 5천만 원에 지나지 않았지만 도입 후인 2007년에는 매출액이 1억 원을 가볍게 넘어선 것이다.

고객이 늘고 매출이 올라가자 생각지 못한 문제가 발생했는데 바로 하남 마을이라는 명칭을 가진 곳이 경상남도 창녕에도 있고 경기도에는 하남시가 있어 고객들이 가끔 혼동하는 일이 발생하였다. 영수 씨와 운영위원들은 이참에 고객의 혼동을 막고 마을의 상품을 홍보할 수 있는 마을 이름을 새로 짓기로 했다. 고민 끝에 주민들은 양파즙의 양, 가래떡의 떡, 메주의 메를 각각 따라서 하남 양떡메 마을로 개명하기로 결정했다. 양떡메라는 명칭은 독특하여 한번 들으면 잘 잊히지 않고 그 뜻을 알게 되면 하남 마을기업이 무엇을 판매하는지를 쉽게 기억해낼 수 있어 마을과 상품 홍보에 큰 도움이 되었다.

10. 더불어 잘사는 마을을 향하여

성영수 씨와 주민들은 마을기업을 크게 키워서 돈을 많이 벌고 싶은 생각은 없었다는 점은 거듭하여 강조될 필요가 있다. 주민 중에 그러한 욕심을 가진 사람이 없을 수는 없겠으나 영수 씨를 비롯한 리더들의 철학이 마을기업은 주민의 복지를 위해 이용되어야 한다는 입장이므로 주민 누구도 이에 대해 이의를 제기하지는 않는다.

매년 적립되는 수천만 원의 수익금과 함께 마을기업의 자산은 나날이 불어나고 있다. 그동안 번 수익금으로 가공공장 앞에 약 1,000평의 논도 마을기업 명의로 매입을 하였고 2016년 말에는 마을 소유의 땅을 마을기업에 출자하여 전체 자가 소유 42가구를 주주로 하는 '하남 양떡메영농조합법인'을 설립하여 안정적인 운영 기반을 갖추었다. 이와 함께 마을기업의 비전도 '더불어 잘사는 하남 양떡메마을'로 바꾸었다.

영수 씨와 마을 리더들은 이제 더 큰 꿈을 꾸고 있다. 마을의 노인들을 보살필 수 있는 자체 노인요양원을 마을에 설립하는 것이다. 마을의 노인들이 생을 마칠 때까지 마을을 떠나지 않고 마을에서 보살핌을 받도록 하겠다는 것이다. 이미 마을 내에 요양원 부지를 사놓은 상태이며 건축비를 충당하기 위해 수익금을 적립하고 있다. 영수 씨는 마을에 노인요양원을 설립하면 필요에 따라 인근 마을의 노인도 수용할 수 있으며 요양보호사 등 요양원에 필요한 인력도 마을주민 중에서 고용할 수 있을 것으로 보고 있다.

<그림 7> 주민 노래교실

2장 양떡메 마을은 무엇이 특별한가

1. 나누는 공동체

기업을 하면서 매출이 늘다보면 기업 운영자는 사업 규모를 앞으로 어느 정도로 가져가야 하는지 결정해야 할 순간에 마주치게 된다. 공격적인 설비 투자를 통해 매출을 더 늘릴 것인지, 아니면 현상 유지에 만족할 것인지, 수익은 공격적으로 재투자할 것인지, 아니면 기업주나 주주들에게 배분하여 소비할 것인지 등이 결정해야 할 문제이다. 이 결정을 내리는 데 가장 고려해야 하는 점은 '돈을 얼마나 벌어 어떻게 쓰고 싶느냐'일 것이다.

양떡메 마을기업은 2017년만 해도 4억3천만 원의 매출에 인건비, 재료비, 관리비 등을 제하고 순수익으로 7천만 원의 수익을 올렸다. 이는 마을의 전체 조합원 42가구에 한 집당 약 170만 원씩의 배당금을 나누어줄 수 있는 금액이다. 또는 특별한 사정이 없는 한 매년 이 정도의 수익의 발생할 것이므로 수익금을 적립하여 사업을 더 크게 확장할 수도 있다. 주민들의 욕구에 따라 어느 방향이든 선택할 수 있는 문제다.

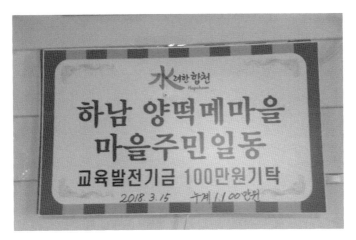

<그림 8> 합천군 교육청에 양떡메 마을 이름으로 매년 교육발전기금을
기탁하여 2018년까지 누계 1,100만 원이나 되었다

영수 씨와 마을주민들은 사업을 더 확장하기보다는 수익을
마을주민의 복지를 위해 사용하자는 방향으로 뜻을 모았다.
주민의 상당수가 60대 이상의 고령이므로 미래의 복지보다는
현재의 복지가 더 중요하다고 생각하여 내린 결정이었다.

이 마을에서는 2012년부터 마을 급식소를 만들어 매일 중
식을 전 주민에게 무료로 제공하고 있는데 여기에는 조리장의
급여와 식재료비를 합쳐 연간 약 3천만 원이 소요되며 이는
2017년의 순수익 1억 원의 30%에 해당하는 금액이다. 그리고
지역 주민에 대한 수익환원을 위하여 매년 설에는 전 가구에
각각 10kg씩의 가래떡을 무상으로 배급하고 마을 환경정비에
참여하는 모든 주민에게 1년에 4회, 1일 5만 원씩의 수고비를

지급한다. 또한 인근 지역 중학교에 장학금을 연간 100만 원씩 출연하고 있으며 강사를 초빙하여 노래교실, 댄스교실, 한글교실 등 각종 주민 문화프로그램을 운영하여 수익을 환원하고 있다. 양떡메 마을기업의 마을주민에 대한 수익 환원 액수는 2018년 기준으로 약 5,000만 원에 달하며 이는 연간 순수익의 50%에 해당하는 금액이다. 수익배분 후에 남은 수익금은 전액 마을기업 명의로 적립하여 마을기업의 설비나 토지를 구매하는 데 사용하고 있다.

2. 마을경제를 순환시키는 공동체

양떡메 마을기업이 특별한 또 다른 이유는 재료 구입, 노동력 고용, 수익 배분 등과 같은 모든 경영 활동을 최대한 마을경제를 순환시키는 방식으로 하고 있기 때문이다.

농산물 가공을 위한 재료 구입부터 보면 양파는 양떡메 마을에서 생산되는 전량을 매년 수매하고 모자라는 양은 인근 마을로부터 수매한다. 수매가도 농협 수매가보다 더 높게 쳐준다. 예를 들어 양파 구의 지름이 7cm 미만인 중품이나 하품인 경우에는 농협에서 아예 수매를 하지 않거나 1망에 2, 3천 원에 수매할 때도 있음에도 마을기업에서는 무조건 1망당 최저 4천 원 이상을 주고 수매한다. 농사를 지은 주민들의 노고를 평가해준다는 의미에서이다. 메주를 만들기 위한 콩은 주민들이 논두렁에서 재배하여 양이 많지 않아 마을 생산분 전량을 수매하고 부족한 양은 역시 인근 마을에서 추가로 수매하고 있다. 가래떡을 만드는 재료인 햅쌀 역시 전량을 마을에서 수매한다.

수매 우선순위에도 나눔과 배려의 원칙이 적용된다. 대량 생산 농가보다는 소량 생산 농가, 그리고 고령자 농가가 생산한 작물부터 우선적으로 수매한다는 원칙이 그것이다.

가공 공장 가동에 필요한 노동력은 모두 마을 내에서 조달하여 인건비가 마을 내에서 풀리도록 하고 있다. 현재 마을기업은 마을주민 5명을 4대 보험이 제공되는 정규직으로 고용하고 있는데 성영수 대표, 사무장 1명과 가공공장의 주민 작업자 3명이 그들이다. 고용 기준 역시 농사짓는 토지가 적은 주민부터 우선 고용한다. 떡 주문이 폭주하는 연말이나 설 명절 전후로는 임시직으로 주민을 10명 정도 고용한다. 이렇게 해서 52가구의 이 작은 마을에 풀리는 인건비만 해도 연간 1억5천여만 원이나 된다.

3. 식사 공동체

양떡메 마을의 100여 명의 주민들은 토, 일요일을 제외한 주중에는 매일 마을식당에 모여 점심식사를 같이한다. 식사비는 물론 무료로 모든 비용은 마을기업에 부담한다. 전체 주민 수는 100여 명이나 실제로 점심시간에 외부로 일보러 나가는 주민 등 참여하지 못하는 주민이 있어 실제 일일 평균 식사

주민 수는 60여 명 정도이다.

마을급식은 영수 씨의 숙원사업이었다. 영수 씨는 농사일과 집안일을 함께 감당해야 내야 하는 부녀 농민의 애로를 덜어주고 주민 간 소통을 위해서는 모두가 한자리에 모여서 식사를 하는 것이 꼭 필요하다고 생각했다.

마을기업이 어느 정도 수익이 나기 시작한 2009년부터 영수 씨는 예전 가공공장 자리에 마을식당을 차리고 부녀회원들을 동원하여 교대로 식사를 준비하여 1주일에 한 번 전원이 모여 밥을 먹는 자리를 만들었다. 주민들의 반응은 좋았으나 문제는 부녀회원들 역시 농사일에 바빠 돌아가면서 식사 준비를 하는 것도 힘들어한다는 것이었다. 결국 월급 100만 원을 주고 식사준비를 담당할 조리사를 고용하고 주말을 제외한 평일에는 매일 무료 급식을 시행하기로 하였다.

무료급식소는 마을 가공공장을 새로 짓기 전에 메주 만들기 등 마을 공동작업장으로 쓰이던 건물이다. 약 40평 남짓의 식당에는 60명이 함께 식사할 수 있는 식탁과 의자가 있고 한편에는 배식대와 조리시설이 있다. 조리는 그나마 젊은 50대 후반의 마을 이장 부부가 맡고 있다. 이들 부부에게는 합하여 월 100만 원의 급여가 지급된다. 마을 전체 주민이 100명이어서 현재 60명의 좌석으로는 점심시간에 외부로 나가는 사람도 있어 평소에는 문제없이 수용이 가능하다. 다만 앞으로 저녁 식사도 제공할 경우에는 100명의 주민이 모두 와서 식사를 할 것으로 보여 정부 보조금을 받아 식당을 신축, 확장할 계획이다.

배식 방식은 뷔페식으로 각자 식판을 들고 필요한 만큼 덜어다 먹는다. 식자재는 생선, 육류 등 일부 재료를 제외하고 대부분 이 동네에서 재배한 야채와 곡식을 사용한다. 농촌이다 보니 주민들이 스스로 자신이 재배한 무, 배추, 파, 상추 등과 같은 부식을 기부하는 경우도 상당히 많다. 간혹 인근에서 나는 수박, 사과와 같은 과일을 사서 기부하는 주민도 있다. 마을식당이 있어 마을 전체 주민을 대상으로 한턱 내기가 매우 수월해진 셈이다. 식자재를 기부받으면 식당 입구 한편에 걸린 작은 칠판에 기부자의 이름과 품목을 적어 다른 주민들이 알 수 있도록 하고 장부에도 적어 역시 칠판 옆에 걸어둔다. 주민들이 공동체로부터 일방적으로 받기만 하는 것이 아니라 주민도 공동체에 작으나마 기여할 수 있다는 자긍심을 북돋워주기 위함이다. 마을 전체 주민에 대한 공지사항을 알려주는 게시판도 식당 안에 있다.

조리사 인건비를 포함하여 2017년 한 해 동안 식재료비를 포함한 식당 운영비로만 약 3,000만 원이 들어갔다. 주말을 제외하고 100명의 주민에게 매일 점심을 제공한 비용치고는 생각보다 크지 않은 금액이다. 무료 마을식당이 마을공동체에 가져온 긍정적 변화를 감안하면 거의 돈이 들어가지 않았다고 할 수 있다.

무료 급식을 시작하면서 생긴 가장 큰 변화는 마을의 노인들이 삶의 활기를 찾았다는 것이다. 식당이 없을 때에 성영수 이장이 가가호호 방문해보면 노인 혼자, 혹은 노인 부부만 사는 집의 경우에는 제대로 된 식사를 준비할 의욕이 없어 점심을 남은 밥에 김치 하나로 먹는 집이 많았다. 그리고 노인들이 씻고 옷을 입고 나가는 것이 귀찮아 어두운 방에 텔레비전을 틀어놓고 누워 있는 경우도 많았다. 그러나 마을식당이 생긴 뒤부터는 매일 노인들이 제대로 씻고 옷도 차려 입고 식당으로 나들이를 하게 되어 마을이 활력을 되찾았다. 예전에는 주민들끼리 다투면 1년이 넘도록 서로 얼굴 보기를 피하고 말도 하지 않는 경우가 있었지만 매일 식당에서 만나면서부터는 금방 서로 화해하게 되었다. 매일 같이 밥을 먹으면서 마을의 정보와 소식이 금방 공유되었고 아프거나 가정사가 있어 식당에 나오지 못하는 주민이 있는 경우에는 그 형편과 사정에 대해 서로 관심을 가지게 되었다.

식당 운영에 더욱 활력을 불어넣은 것은 도시에 나간 자녀들이 후원하는 생일, 칠순, 팔순 잔치다. 식당이 생긴 뒤부터는 도시의 자녀들이 고향 부모의 칠순 잔치를 마을식당에 필요 경비를 기탁하고 마을주민 전체를 대상으로 베풀어줄 것을 부탁하는 관행이 생겨났다. 자녀들 입장에서도 칠순 잔치를 치르는 매우 간편하고 효율적인 방법이고 부모는 마을 사람들에게 한턱 낼 수 있어 좋고 식당 입장에서는 돈 안 들이고 급식을 할 수 있는 장점이 있는 것이다. 과거에는 칠순 잔치를 위해 자녀들이 합천 읍내 등지에 식당을 빌려서 일부 친지와 이웃을 초대하였지만 이제는 대부분 마을식당에서 잔치를 치르게 되어 주민들 간의 우의는 더욱 돈독해졌다.

4. 화합하는 공동체

이웃 간에 화목하고 우애 좋게 지낸다는 농촌마을의 이야기는 이미 과거의 이야기다. 자본주의의 물결이 완전히 농촌을 잠식한 지금은 이웃 간에 각종 분쟁은 물론 토지 경계 측량을 둘러싸고 고소, 고발까지 하는 경우가 비일비재하다. 양떡메 마을이 위치한 초계면의 마을 중에 고소, 고발 사건이 없는 마을을 찾아보기 힘들다. 주로 귀농, 귀촌인이 토지 측량을 다시 하는 과정에서 그동안 이웃 주민이 관습적으로 사용해오던 토지의 사용을 못 하게 함에 따라 일어나는 법적인 분쟁이다. 그러나 양떡메 마을에는 그러한 분쟁이 전혀 없는데 그 이유는 서로 매일 밥을 먹고 주민 동아리 활동을 하면서 주민들 간의 친밀감과 유대가 강하게 형성되었기 때문이다.

양떡메 마을에는 마을 이장도 귀농인일 정도로 귀촌, 귀농 가구가 적지 않으나 매일 같이 점심을 하고 노래교실, 요리강습, 풍물놀이, 건강체조교실 등과 같은 주민 모임이 수시로 열리는 마을 분위기에서 원주민과 귀농인 간에 갈등이 심각한 상태로 발전하기는 어려우며 갈등이 있는 경우에도 대부분 쉽게 풀어지도록 되어 있다.

마을주민들은 다른 마을보다는 훨씬 자주 모여서 교류하는 편이라 할 수 있다. 매일 점심시간에 서로들 얼굴을 보고 식사를 하며 대화를 나누고 식사 후에도 식당이나 마을회관에 앉아 삼삼오오 대화를 나눈다. 그리고 수시로 개최되는 노래교실, 체조교실, 걷기 모임과 같은 주민 동아리 활동을 통해서도 서로 모이고 교류한다. 이 마을의 가장 중요한 모임은 매월 개최되는 마을기업 주민운영위원회다. 성영수 위원장을 비롯한 모두 12명의 운영위원들은 매월 모여서 마을기업의 운영상황을 보고받고 마을 일을 논의한다. 운영위원회를 통해 주민들의 회의 운영과 의사결정 기술을 배우고 익히는 한편 마을기업과 마을의 발전 방향에 대한 공감대를 넓혀 나가고 있다.

농촌 촌락공동체에서 소위 배운 사람과 못 배운 사람 간의 소통과 위화감의 문제가 마을 화합의 걸림돌로 작용하는 경우가 많다. 이 마을주민 중에는 태어나서 평생 이 마을에서만 산 농민뿐만 아니라 공공기관에서 차관급 고위직을 지내다가 귀촌한 사람, 도시에서 사업을 하다가 귀농한 사람 등 다양한 배경을 가진 주민이 섞여 있음에도 마을회관에서 만나면 서로 농담을 건네며 격의 없이 어울리는 모습을 발견할 수 있다. 다른 마을에서 찾아보기가 어려운 이러한 광경은 보통 좀 더 교육을 많이 받고 도시에서 살다온 주민들이 먼저 손을 내밂으로써 이루어진다. 귀농인, 혹은 소위 식자층이 원주민에게 지속적으로 먼저 손을 내밀도록 유인하는 동기는 바로 이들 모두를 감싸 안은 공동체적 관행과 문화이다. 귀농, 귀촌인 입장에서 보면 다른 마을에서 찾을 수 없는 이 특별한 공동체를 접하는 순간 자신도 이에 소속, 동화되기를 강렬히 열망하게 되고 이것이 교육과 문화적 배경의 차이를 넘어 원주민에게 먼저 다가가도록 하고 웬만한 갈등 소지는 참고 극복할 수 있도록 하는 강력한 동기를 제공하는 것이다.

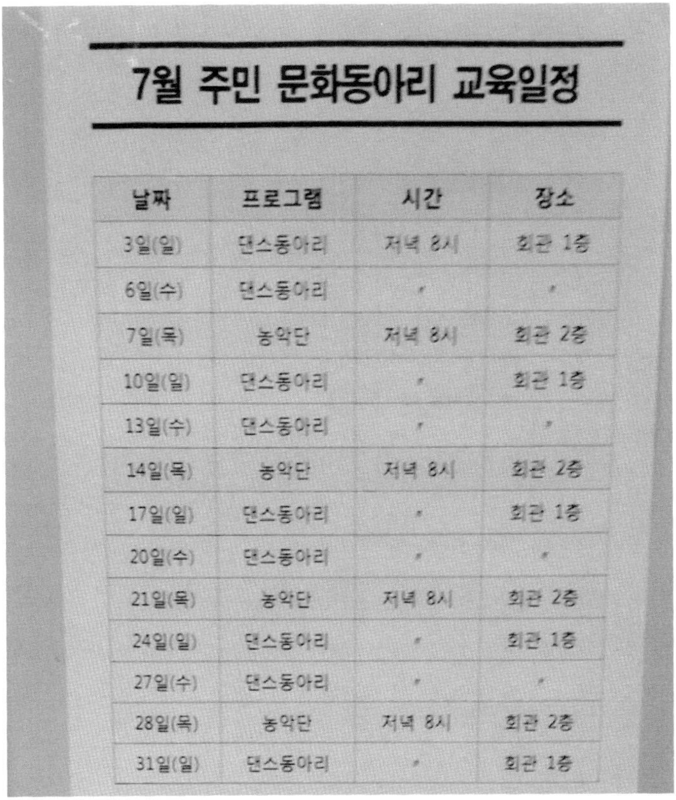

7월 주민 문화동아리 교육일정

날짜	프로그램	시간	장소
3일(일)	댄스동아리	저녁 8시	회관 1층
6일(수)	댄스동아리	〃	〃
7일(목)	농악단	저녁 8시	회관 2층
10일(일)	댄스동아리	〃	회관 1층
13일(수)	댄스동아리	〃	〃
14일(목)	농악단	저녁 8시	회관 2층
17일(일)	댄스동아리	〃	회관 1층
20일(수)	댄스동아리	〃	〃
21일(목)	농악단	저녁 8시	회관 2층
24일(일)	댄스동아리		회관 1층
27일(수)	댄스동아리	〃	〃
28일(목)	농악단	저녁 8시	회관 2층
31일(일)	댄스동아리	〃	회관 1층

<그림 9> 마을 급식소에 부착된 주민 문화동아리 일정표

3장 양떡메 마을의 성공 요인

1. 양떡메 마을의 성공 비결

양떡메 마을의 성공이 특별한 의미를 가지는 이유는 매우 평범하고 특별한 것이 없는 마을에서 거둔 성공이기 때문이다. 하남 양떡메 마을은 특별한 관광자원, 자연자원, 특산물을 가지고 있지 않으며 초계면, 나아가 합천군의 다른 마을에 비해 나을 것이 전혀 없는 마을이다. 양떡메 마을에서 주로 재배하는 양파, 벼, 콩은 인근 초계면, 적성면의 수십 개에 마을에서도 모두 똑같이 재배하는 것들이다. 그러므로 양떡메 마을의 성공 사례는 다른 마을이 충분히 벤치마킹할 만한 여지가 있다. 그럼에도 양떡메 마을에서만 마을기업이 성공을 거두고 다른 마을에서는 이를 모방할 엄두조차 내지 못하는 이유는 무엇인가? 양떡메 마을의 성공 비결은 분명한 공동체적 목표, 뛰어난 리더십, 주민 참여, 그리고 정직한 제품의 3가지로 요약할 수 있다.

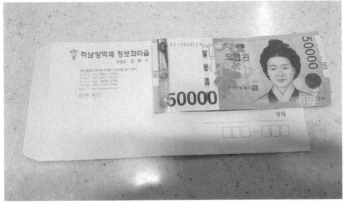

<그림 10> 마을 환경 정리하는 날 - 참여하는 주민들에게는 마을기업에서
아래 봉투에 넣어 일당 5만 원을 지급한다

2. 공동체적 가치

양떡메 마을의 첫째 성공 요인은 마을기업의 분명한 공동체적 가치가 있었으며 이에 모든 주민들이 동의하였다는 것이다. 그리고 그 공동체적 가치라는 것은 돈을 버는 것 그 자체가 아니라 매년 마을에서 남아도는 양파를 처리하고 주민의 복지를 향상시키자는 것이었다. 수익을 내기 위한 마을기업을 하면서 돈을 목적으로 하지 않았다는 것이 모순으로 들릴 수 있겠으나 돈 자체가 목적이 아니라 마을 문제 해결이라는 더 큰 목적 달성을 위한 수단으로써 돈을 벌고자 하였다는 의미이다.

나눔 사업, 주민 동아리 사업과 같은 다른 공동체 사업과 달리 마을기업에 대해서는 영리활동을 하여 돈을 번다는 선입관이 워낙 강하게 박혀 있어 리더나 참여 주민들이 마을기업의 돈을 벌고자 하는 진짜 목적을 망각하는 경우가 빈번하다. 마을기업이 돈벌이 자체를 목적으로 할 경우에 나타나는 가장 큰 문제가 '검은 고양이든 흰 고양이든 쥐만 잡으면 된다'라는 흑묘백묘(黑猫白猫)론적 사고로 마을기업을 운영하게 된다는 것이다. 돈벌이가 최종 목적이 될 경우에는 주민들은 민주적인 의사결정, 수익의 평등한 배분, 마을공동체의 발전과 같은 가치보다는 능력이 있는 누군가가 독재를 해도 좋으니 자신들을 위하여 돈을 많이 벌어주기를 원하게 된다. 즉, 자신들의 힘을 믿고 자신들의 능력을 모아 마을기업을 운영하는 민주적 시민이 아니라 능력자에 업혀 가고자 하는 우매한 군중의 길을 선택하게 된다는 것이다.

주민들이 '어떤 수단, 방식이든 돈만 잘 벌면 된다'라는 효율성 중심의 사고에 사로잡혀 마을기업을 운영할 경우 필연적으로 분쟁이 일어나게 된다. 지금까지의 사례들을 보면 수익이 나지 않을 경우에는 책임 소재와 리더의 능력을 두고 분쟁이 일어나게 되며 수익이 날 경우에는 수익의 사용처와 배분 방식, 그리고 수익창출에 대한 개인별 기여도를 두고 다툼이 일어난다. 그러므로 마을기업의 돈벌이는 반드시 더 큰 가치와 목적을 위한 수단으로 간주되어야 마을기업이 지속성이 있고 전체 주민을 포용할 수 있다.

양떡메 마을이 돈벌이 자체를 추구하지 않은 것에는 성영수 위원장의 개인적인 성향이 큰 작용을 하였다. 성영수 위원장은 돈을 많이 벌어 잘살고 싶다는 소망을 가져본 적이 없다. 아마도 성 위원장이 부모로부터 받은 가치관과 본인의 성격이 함께 작용하여 물질에 대한 욕심이 그다지 없게 된 것으로 보인다. 이에 더하여 남편 영득 씨도 물질에 대한 관심보다는 사람들이 서로 돕고 어우러져 사는 양떡메 마을을 만드는 데 더 관심이 많다.

성 위원장이 일부 주민들과 마을기업에 대해 고민하고 의논하였던 이유는 2004년에 발발한 양파 파동으로 주민들이 1년 농사를 폐하여야 할 지경에 이른 것을 보고 주민들이 애써 가꾼 농작물을 제값을 받고 팔 수 있는 방법을 찾고자 함이었다. 양파와 마늘을 주로 재배하는 이 마을에서 매년 되풀이되는 가격의 등락 문제는 마을 전체 주민의 문제였으며 성 위원장은 이 문제에 공감하고 해결책을 찾기 위한 방법의 하나로 마을기업을 구상하고 추진하였던 것이다.

성 위원장의 이러한 목적은 수년간의 봉사와 실천을 통해 주민들에게 전달되었다. 지금은 마을기업의 대표로서 월 200만 원의 쥐꼬리만 한 급여를 받고 있지만3) 성영수 씨는 2003년이 이장이 된 후 마을기업이 자리를 잡기까지 근 10년 동안 무보수로 마을기업의 경리직원, 대표, 작업인부, 판매사원, 마을홍보원의 1인 5역을 하며, 심지어 과로로 코피를 흘리고 몸져눕기까지 하며 무보수로 봉사하면서 마을사업의 목적이 돈 그 자체가 아니라는 것을 주민들에게 똑똑히 각인시켜주었다. 따라서 운영위원은 물론 다른 주민들도 마을기업을 통해 경제적 수입 그 자체를 추구하지 않고 돈벌이는 마을문제의 해결과 마을복지를 위한 수단이라는 관념에 자연스럽게 동의하게 되었다.

그러므로 마을기업의 성공하였는지의 여부는 당연히 벌어들인 수익의 액수가 아니라 마을기업을 통해 해결하고자 하였던 공통의 문제를 해결하였느냐가 되어야 할 것이다. 양떡메 마을기업은 매년 마을주민이 생산한 양파의 전량을 농협보다 더 높은 가격에 안정적으로 수매함으로써 가격 등락에 따른 수익 불안의 문제를 해결하였기 때문에 분명히 성공한 것으로

---

3) 대표 월급으로 200만 원은 매우 적은 금액이다. 사무장도 월 180만 원, 가공공장의 작업 주민들도 월 200만 원 정도의 급여를 받는다.

평가할 수 있다. 이제부터는 새로운 목표인 '더불어 잘사는 마을'을 달성하기 위해 나아가고 있는 단계인 것이다.

마을기업은 동업이다

마을기업은 주민들이 얼마나마 사업 자금을 대고 공동으로 사업을 운영하여 공동으로 수익을 배분하는 동업 형태의 사업이다. 그러나 '친구와 동업하면 친구도 잃고 돈도 잃는다'는 말처럼 동업은 가족 간에는 가능할지 모르지만 친척, 친구 간에도 하기 어렵다.

사람들은 이러한 사실을 잘 알기 때문에 자기 돈을 가지고 마을사람과 동업할 사람은 거의 없다. 친한 친구와도 동업하지 않을 마당에 그저 알고 지내는 마을 사람과 동업할 이유가 어디에 있겠는가? 2017년 기준으로 전국에서 운영 중인 1,300개에 달하는 마을기업은 모두 동업을 한다는 것인데 그 많은 사람들이 쉽게 동업에 뛰어든 이유는 사업 자금의 대부분이 아마도 자기의 돈이 아니라 정부의 보조금이기 때문일 것이다. 친한 친구와 해도 십중팔구 실패한다는 동업을 단지 이웃이라는 이유만으로 알고 지내던 수십 명의 이웃과 한다면 실패는 기정사실이지 않겠는가?

동업이 실패하는 주된 이유는 동업자 간에 의견이 맞지 않거나 수익 배분을 둘러싼 갈등이다. 동업자 간에 의견이 맞지 않는 이유에는 여러 가지가 있을 수 있으나 대체로 사업 운영 원칙의 공유가 부족한 탓이 많다. 동업자 간에 사업의 비전과 목적, 의사결정의 방식에 대한 합의가 충분히 이루어지지 않은 상태에서 시작한 경우에는 사업에 대한 추가 투자나 확장 여부, 수익금의 사용처, 동업자 간 수익금 배분 비율, 의사결정의 방식 등을 둘러싸고 갈등이 빚어지기 쉽다.

아시아 최고 갑부인 홍콩의 이가성(李架城) 회장은 절대 동업하지 말아야 할 사람의 유형으로 개인적 욕심이 너무 강한 사람, 사명감이 없는 사람, 인간미가 없는 사람, 매사에 부정적인 사람, 인생의 원칙이 없는 사람, 감사할 줄 모르는 사람의 여섯 가지를 들고 있다. 이를 뒤집어서 마을기업에 적용하면 동업하는 주민들 중에 이 여섯 가지에 해당하는 사람이 있다면 갈등이 필연적으로 빚어지게 마련이라는 것이다.

다른 마을과 마찬가지로 양떡메 마을의 52가구 100여 명의 주민 중에 위 여섯 가지에 해당되는 사람들이 존재하기 마련이다. 마을기업의 성패는 공동체적 목표에 함께 합의함으로써 개인적인 욕심이 발휘되는 것을 차단할 수 있느냐에 달려 있다고 해도 과언이 아니다.

---

3. 투명한 리더십

양떡메 마을의 두 번째 성공 요인은 성영수 위원장의 투명하고 청렴한 리더십이다. 마을기업 초기에 수익이 나지 않고 모두가 고생할 때보다 수익이 나고 경영이 안정권에 접어들 때 갈등이 불거지기 더 쉽다. 많은 주민이 참여하는 마을기업에서는 수익의 관리와 배분이 모두의 중요한 관심사가 되기 때문이다. 양떡메 마을에서 주민들이 자발적으로 성 위원장을 믿고 따랐던 이유에는 앞에서 누누이 이야기한 성 위원자의 헌신성도 있었지만 그녀에 대한 전반적인 신뢰도를 결정지은 것은 투명하고 청렴한 일처리였다.

이 마을의 마을회관에는 2003년부터 현재까지 마을기업의 온갖 거래내역이 영수증과 함께 일목요연하여 연도별로 정리되어 마을주민 누구나 볼 수 있도록 비치해놓고 있다. 주민운영위원회 회의기록, 물품 판매대장, 마을식당 일일급식대장, 구매대장, 연도별 결산대장, 마을기업 관련 언론보도철, 각종 사업신청서, 관공서와 주고받은 문서 등이 모두 한자리에 열람이 가능하도록 비치되어 있으며 심지어 마을주민이 아닌 외부인도 자유롭게 이를 들여다볼 수 있다.

아무리 깨끗한 중소기업이라 하더라도 자신들의 구매 및 판매 내역을 거래처의 명단까지 공개하지는 않는다. 일종의 영업 비밀이기 때문이다. 그러나 양떡메 마을은 아무런 거리낌 없이 주민회의 시 발언 내용까지 모두 공개한다.

치열하게 기록하는 습관은 남편 영득 씨의 성격이기도 하다. 그는 성 위원장이 요구하는 것보다 더 철저히 모든 입증 자료들을 철하여 주민들이 볼 수 있도록 하고 있다.

이 같은 극단적인 투명성은 농촌 사회에 고질적으로 뿌리박힌 불신에 대처하기 위해 불가피한 조치였다. 유사 이래 오로지 힘 있는 자들로부터 빼앗기고 이용만 당해온 경험을 가진 우리 농민들은 정부의 돈으로 주민을 위해 일해 준다는 사람들에 대해 의심하고 경계하게 되어 있다. 이 마을에서도 초기에는 극히 일부이기는 하지만 몇몇 주민이 성 위원장이 사적인 이익을 취할지도 모른다고 의심하는 말을 퍼뜨리기도 하였던 것이다.

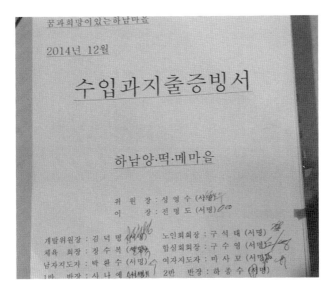

<그림 11> 양떡메 마을의 회계 장부 – 마을회관에 가면 누구나 볼 수 있게 놓아두었다

그러나 성 영수 위원장이 모든 거래 내역과 의사 결정 과정을 철저히 기록하고 투명하고 공개하자 그러한 불신은 이내 잦아들 수밖에 없었고 오히려 주민들은 성 위원장을 가장 신뢰할 만한 대리인으로 간주하게 되었다.

철저한 기록의 유지와 공개는 이 마을이 정부의 지원심사를 통과하는 데에도 큰 도움이 되었다. 심사를 위해 마을을 돌아본 정부의 심사단은 이러한 기록들을 목격하고 예외 없이 양떡메 마을의 투명한 관리 시스템에 감명을 받아 높은 점수를 주었다. 예산을 지원하는 공무원의 입장에서는 아무래도 지원금을 투명하게 사용하는 마을에 더 신뢰가 가기 마련이다.

4. 주민 참여

양떡메 마을의 성공 요인 중 세 번째로 중요한 것은 마을주민 전체를 참여시켰다는 것이다. 마을사업을 하면서 마을 전체 주민을 참여시킨다는 것은 말처럼 쉬운 일이 결코 아니다. 전체를 참여시키지 않고 몇몇 뜻을 같이하는 주민들이 모여서 사업을 하는 것은 얼마든지 가능하다. 그러나 마을 전체가 참여하여야 마을기업의 지속가능성과 공동체성이 확보된다.

이 마을에서 전체 주민을 참여시킬 수 있었던 이유는 그 목적을 소득 증대 자체에 두지 않고 양파 수매 문제의 해결과 마을 복지 증진을 위한 재원 마련에 두고 이에 주민들이 모두 동의하였기 때문이다. 공동체의 문제 해결과 복지 향상이라는 대의가 목표로 주어질 때 주민들의 참여 동기가 높아지기 때문이다. 요컨대 마을기업 목표와 주민의 참여도는 서로 긴밀히 엮여 있는 것이다.

양떡메 마을은 크게 원주민과 귀농귀촌인의 두 부류로 나누어지며 전체 52가구 중에 귀농귀촌가구는 10가구이다. 그럼에도 양떡메 마을에서는 다른 농촌에서 심심찮게 나타나는 원주민과 이주민과의 갈등이 아예 없다. 오히려 귀농귀촌인들은 이 마을에서 이장, 노인회장, 개발위원장 등 중요 지위를 차지하며 성 위원장, 그 남편 영득 씨와 함께 마을을 이끌어가고 있다. 마을의 핵심 리더 그룹이 성 위원장, 홍보부장을 맡고 있는 남편 영득 씨, 이장, 노인회장, 개발위원장 등 모두 5명인데 그중 3명이 귀농귀촌인이므로 애초에 갈등의 소지가 없는 것이다.

이렇게 외지에서 온 이주민들이 쉽게 마을에 동화되고 심지어 마을 운영의 리더 그룹에 속할 수 있는 이유는 친화력과 포용력이 뛰어난 성 위원장이 6년간 이장을 맡으면서 마을 전반에 화합분위기가 조성되었기 때문이다. 원주민 중 어느 누구도 드러나게 귀농귀촌인에게 텃세를 부리거나 함부로 대한 사례는 아직 없다.

마을에 이주해온 귀농귀촌인도 마을에 동화되기 위해 각별히 노력할 만한 이유가 있었다. 그들은 마을에 이주한 직후부터 원주민인 성 위원장이 솔선하여 희생하면서 원주민과 이주민을 가리지 않고 전체 마을주민의 복지를 위해 노력하는 모습을 보며 공감을 느낄 수밖에 없었다. 그리고 마을 전체가 단합하여 마을기업 등 마을 공동사업에서 성과가 도출되고 다른 마을에 비해 주민이 화합하는 것에도 역시 감명을 받아 자신들도 이 마을공동체의 일원이 되어 공동체에 기여하는 역할을 하게 되기를 강하게 원하게 되었다. 귀농귀촌인 중에는 농촌 촌락공동체에 대한 향수를 가지고 이주하는 경우가 대부분이기 때문이다.

노인회장을 맡고 있는 A 씨는 이 마을에서 태어나 초계면에서 중학교까지 졸업한 후 도시에서 고등학교, 대학교를 마치고 국영 방송사에서 30년간을 프로듀서로 일한 후에 정부기관에서 차관급까지 역임한 후에 은퇴하여 부인과 함께 양떡메 마을로 귀촌하였다. 그는 화려한 경력에 리더십과 대인 친화력까지 갖추어 합천군에서 이름이 알려진 명사이기도 하다. 그럼에도 A 씨는 마을의 부녀들과 마을식당에서 만나면 스스럼없이 농담을 나누며 친근하게 지내고 있다. 그가 주민들과 잘 어울려 지낼 수 있는 동기는 성 위원장과 주민들이 일구고자 하는 마을공동체의 비전에 동의하고 자신도 이에 참여하고 싶다는 생각에서이다.

도시에서 사업을 하다가 마을로 이주한 개발위원장 B 씨, 역시 도시에서 제조업을 하다가 6년 전에 귀농하여 마을 이장을 맡고 있는 C 씨 모두 마을공동체에 감동받아 원주민들보다 더 열심히 참여하게 되었다.

만일 성 위원장의 목표가 단순한 경제적 소득을 늘리는 것이었다면 다양한 사회적, 경제적 수준을 가지고 이 마을에 들어온 귀농귀촌인의 자발적인 참여와 헌신을 끌어낼 수 없었을 것이다.

반드시 마을기업에는 마을주민 전체가 참여하여야 성공할 수 있는가? 이 질문에 대한 답은 '매우 그렇다'이다. 마을기업에 일부 주민만 참여하고 그로 인해 일부 주민만 혜택을 보게 되면 필연적으로 비참여 주민의 불만이 발생하게 된다. 왜냐하면 마을기업은 주로 기업 운영을 위해 마을주민의 공동의 자산인 도로, 자연자원, 관광자원 등을 무상으로 사용하기 때문에 비참여 주민이 이에 문제를 제기하는 것은 거의 필연적이다.

기업 활동은 마을의 환경과 자연에 부담을 주게 마련이다. 외지인이 드나들면서 발생시키는 소음과 공기 오염, 가공 생산의 부산물로 인한 개천이나 공기의 오염 등이 그 대표적인 예이다. 마을기업에 참여하지 않는 주민의 입장에서는 아무런 혜택을 보는 것도 없이 고스란히 이러한 환경적인 피해와 부담을 안아야 한다면 필연적으로 마을기업에 반대하거나 부정적인 입장을 취하게 된다. 결국 마을이 참여 주민과 비참여 주민으로 갈라져 마을공동체가 분열, 파괴될 가능성이 높은 것이다.

그러므로 아무리 어렵다고 하더라도 마을 전체주민이 참여하도록 하여야 한다. 이는 마을기업이 주민 전체가 공감하는 문제 해결을 목표로 해야 함을 의미한다. 주민 모두가 해결하기를 원하는 수단으로서 마을기업을 추진할 때에 이에 반대할 주민은 거의 없을 것이기 때문이다. 극히 일부의 주민이 반대하거나 비협조적일 경우에는 대체로 시간을 두고 다수의 주민이 설득하면 아군으로 끌어들이기가 쉽다. 마을에서 장기적으로 스스로 고립을 택하는 사람은 별로 없기 때문이다.

1인 기업이 된 마을기업들

전국에 약 1,300개 되는 마을기업들을 주의깊게 살펴보면 사실상 1인이 운영하는 마을기업들을 심심찮게 찾아볼 수 있다. 행정자치부의 마을기업 지침은 최소 5명 이상의 주민이 출자하여 공동으로 운영할 것을 필수 요건으로 하고 있기 때문에 엄밀하게 말하면 1인이 운영하는 기업은 마을기업이 아니다.

그러나 한 명의 마을주민이 마을에서 기업 활동을 하면서 마을 내에서 고용을 창출한다는 이유로 정부 지원금을 요구하는 사례가 비일비재하다. 그러나 수익의 배분이나 기업의 운영, 재료의 구매, 기업의 소유 내용 등을 따지고 들어가면 공동체성은 전혀 없고 1인 기업인 경우가 대부분이다. 일자리 창출이 국가적 과제로 대두되다보니 1인 운영하든 공동체가 운영하든 마을에서 고용만 창출하면 마을기업의 자격이 있지 않느냐는 강변이 통하는 경우도 있다. 정부도 이 논리에 동조하여 한동안 마을기업의 성과를 측정하기 어려운 공동체성보다는 일자리 창출 개수로 측정하기도 하였던 것이 사실이다.

그러나 지역 공동체 개발 수단으로의 마을기업은 지역 주민 몇 명에 대한 일자리 제공에 머물러서는 안 된다. 마을기업은 주민이 함께 겪고 있는 문제를 해결하고 이를 통해 지역공동체 이익(community interest)을 가져올 때 비로소 그 의의가 있는 것이다. 그러므로 마을기업 운영을 통해 얻은 수익은 반드시 지역공동체 전체의 사회경제적 소득으로 전환되어 주민 전체가 그 혜택을 볼 수 있어야 한다.

농촌 마을이라고 하여 기업가적 재능을 가진 사람이 없으리라는 법은 없다. 어느 농촌 마을에 비즈니스 수완을 가진 사람이 지역의 자연자원과 특산물과 정부의 개발 지원금을 잘 활용하여 돈을 많이 벌고 지역 주민 10명을 고용한다고 한들 이것은 마을기업이라 할 수 없다. 그 이유는 가장 마을기업의 핵심인 지역공동체가 빠져 있기 때문이다.

마을기업 정책을 담당하는 행정안전부는 공동체적 마을기업의 목적을 3가지로 들고 있는데, 첫째, 마을기업의 존재와 사업 추진의 목적이 지역공동체의 공익적 가치와 연결되며, 둘째, 마을기업을 통해 창출된 수익이 커뮤니티에 재투자되어 주민 생활의 행복과 복지를 위해 사용되고, 셋째, 마을기업을 포함한 지역 내 다양한 공동체 주체들 간 연계·협력을 통해 지역 순환경제 생태계를 조성한다는 것이다. 즉, 마을기업의 목적과 의의는 공동체성이라는 것이다.

마을기업의 목적과 의의는 공동체성에 있다고 하면 마치 공동체성이 마을기업에 씌워진 굴레와 같은 인상을 주지만 사실은 그 반대이다. 양떡메 마을의 성공 요인은 바로 처음부터 끝까지 공동체성을 고수한 데 있었다. 그리고 지금까지 실패한 마을기업들의 문제점은 공동체성의 본질적 중요성을 망각, 또는 오해하고 공동체성 이전에 기업성, 수익성을 앞세운 데 있었다. 다시 말해 공동체성은 양떡메 마을과 같은 성공한 마을기업의 성공비결이다.

5. 정직한 제품

양떡메 마을의 마지막 성공 비결은 정직한 제품을 생산하여 정직하게 판매한 것이다. 정직한 제품이란 우수한 품질에 정직한 가격이 결합된 제품을 의미한다.

마을기업이 정직한 원료를 사용해야 한다는 것은 누구나 알지만 그렇다고 해서 가격이 비싸면 아무런 의미가 없다. 정직한 원료를 사용하여 비싼 가격을 매기는 것은 마을기업이 아니라 누구라도 할 수 있는 일이다. 마을기업의 경쟁력은 좋은 원료를 가지고 우수한 품질의 상품을 생산하면서도 가격을 저렴하게 매길 수 있는 능력에서 나온다. 이것이 어떻게 가능한가?

양떡메 마을을 보면 이것이 충분히 가능함을 보여주며 이 마을의 성공은 그래서 값어치가 있다.

먼저 양떡메에서는 양파, 쌀, 콩 등의 재료를 주민들로부터 싸게 사지는 않는다. 오히려 농민의 수고를 감안하여 농협의 수매가보다는 더 높게 가격을 쳐주고 수매한다. 대신 마을에서 재배한 농산물을 사용하므로 물류비가 거의 들지 않아 원가를 절감한다.

그다음 제품 생산을 위한 공장 건축과 기계 설비비의 대부분은 정부 지원금 1억3천만 원으로 충당하여 초기 투자비와 그에 대한 이자비가 전혀 들지 않았다. 관리 기능인 회계와 판매에 있어서는 초기에는 성 위원장이 무료로 봉사하여 인건비가 들지 않았고 2009년부터는 정보화마을로 지정되어 정부에서 급여를 주는 사무장을 두게 되어 역시 관리 인건비를 절감할 수 있다.

전자상거래를 위한 홈페이지 구축도 역시 정보화마을 예산으로 충당하여 판매관리비 및 홍보비도 거의 들지 않고 있다. 노무인건비로서는 가공공장에서 일하는 마을 부녀주민 3명에게 월 200만 원 정도 임금을 지급하고 있으며 성 위원장도 월 200만 원의 급여를 받고 있다. 요컨대 양떡메 마을의 원가구조는 크게 보아 재료비, 노무인건비, 시설유지비, 감가상각비의 단순한 구조로 이루어지며 판매관리비, 일반관리비, 차입금 이자, 초기 투자비 등이 거의 없어 우수한 농산물 가공제품을 충분히 저렴하게 판매할 수 있는 구조인 것이다.

마을기업은 마을의 인적자원, 생산자원, 자연자원을 그대로 활용하여 제품을 생산하므로 필연적으로 원가가 싸게 먹히며 그에 더하여 시설비 등에 대해 정부의 지원까지 받는다. 더구나 공장 부지에 사용되는 토지는 대개 마을 소유로 무상 사용할 수 있으며 관리, 홍보, 판매에 사용되는 인력은 마을주민의 자원봉사로 해결할 수 있는 것이다.

마을기업은 일반기업에 비해 절대적으로 유리한 원가 구조를 가지고 있는바, 문제는 이를 최대한 활용하는 능력인데 이는 다름 아닌 앞서 말한 공동체적 목표, 투명한 리더십, 주민참여라 할 수 있다.

2부

마을자치에 답이 있다

1장 지방자치에서 마을자치로

　근대화, 산업화를 거치며 우리는 매우 소중한 것을 잃었으니 그것은 바로 생활 공동체이다. 직장이 있고 학교가 있고 병원이 있고 실버타운이 있으면 됐지 생활 공동체가 뭐 그리 필요하느냐고 반문할 수 있다. 그럼 다시 물어보자. 직장, 학교, 병원, 실버타운이 당신에게 자아를 실현하도록 도와주고 자긍심과 자기 충족감을 높여 주는가? 그렇다면 매우 다행이지만 아마도 대부분의 사람에게 있어서는 그렇지 않을 것이다.

　현대인들은 수많은 조직과 단체에 속해 있다. 그 중에 자기의 의사가 반영되는 곳이 있고 제도적 규칙과 논리만 반영되는 곳이 있다. 하버마스는 개인의 의사가 반영되고 개인이 주체가 되어 활동하는 장을 생활세계로, 개인의 의사가 아니라 돈이나 권력과 같은 시스템의 논리로만 움직이는 곳은 체계로 명명하였다. 예를 들면 조기축구회는 회원들의 평등한 토론에 의해 작동되는 곳이므로 생활세계다. 반면에, 기업은 개인의 의사는 무시되고 자본의 논리로만 움직이므로 체계다. 하버마스에 따르면 원래 체계는 없었고 생활세계만 있었다. 그러다가 생활세계 중 합리성이 뛰어난 것들은 체계로 자리잡게 되었다. 민주주의 정치제도, 자본주의 경제 제도가 바로 합리성에 의해 체계로 전환된 것이다. 그런데 사람이 필요에 의해 만든 체계는 지능이 뛰어난 로봇처럼 인간의 통제를 거부하고 독자적으로 자기 영역을 확장하기 시작했다. 관료체계, 자본주의 시장 경제 체계와 같은 것들이 바로 그 괴물들이다.

그 결과 현대를 사는 우리들은 생활의 거의 모든 면을 시장과 기업, 정부 기관에 의존하면서 인간으로서의 독자성과 자기실현이 축소당하는 것을 경험하고 있다. 법과 제도에 대한 과도한 위탁이 현대사회 병리로 등장한 것이다.

직장도 마찬가지다. 나를 돌보아 주는 직장이 아니고 계약에 의한 권리와 의무 관계만 존재한다. 권리와 의무로 모든 관계가 정의되는 것이 아니다. 은혜도 배려도 대화도 소통도 협동도 있어야 한다. 내가 공동체를 알고 공동체도 나를 알아 주어야 한다. 아는 사람들과 돈도 벌고 일하고 웃고 대화하고 하면서 자신을 실현해야 정신적으로 신체적으로 건강하게 살수 있다. 내가 평생을 다닌 직장에서 나이가 들었다고 해고하면 그 사람에게는 단지 월급의 원천이 박탈당한 것이 아니라 삶의 정당성이 박탈 당한 것이다. 그러므로 자살을 하게 된다. 이것이 현대 사회의 병리다.

'정의란 무엇인가'의 저자로 유명한 마이클 샌델의 '돈으로 살수 없는 것들'이라는 책은 자본주의 체계의 화폐 교환 논리가 우리가 과거에는 상상도 하지 못한 것들에도 적용되고 있음을 알 수 있다. 그에 따르면 이미 이 세계에는 놀이공원의 줄에서 새치기를 할 수 있는 권리, 전쟁터에 나가지 않을 권리 등을 돈으로 사고팔고 있다. 실제로 50만 달러가 있으면 미국으로 이민을 갈 수 있으며 6,250달러를 지불하면 대리모로 내 아이를 낳게 할 수 있다. 미국에서는 돈만 내면 명문대 입학 허가도 받을 수 있다. 물론 구체적인 액수는 당사자만의 비밀이다. 캘리포니아의 한 교도소에서는 죄수가 돈을 더 내면 더 깨끗하고 더 조용한 감옥을 배정한다.

마이클 샌델은 시장가치가 교육, 환경, 가족, 가치, 건강, 정치 등 삶의 모든 영역 속으로 확대되고 있다고 말한다. 하버마스의 이론을 빌자면 시장경제(market economy) 체계가 우리의 생활 세계를 거의 잠식한 것이다. 원래 인간이 시장경제 체계를 발명해 낸 경위는 재화를 생산하고 부를 창출하는 효과적인 도구로 사용하기 위함이었다. 그러나 시장 경제가 잠식한 이른바 시장사회에서는 인간 활동의 모든 영역에 시장가치가 생활방식으로 작동하고 있는 것이다.

이것이 궁극적으로 좋은 현상일리는 없다. 마이클 샌델은 이스라엘 학부모들이 아이에 대한 죄책감을 돈으로 맞바꾸는 것을 예로 들었다. 한 이스라엘의 어린이집에서는 아이를 늦게 데리러 오는 부모들이 많아지자 부모에게 벌금을 부과했다. 그러자 아이를 늦게 데리러 오는 부모의 수는 오히려 늘었다는 것이다. 그 이유는 아이를 늦게 데리러 올 때마다 부모들은 죄책감을 느꼈는데 벌금을 내게 되자 부모들이 이를 요금을 지불하고 아이를 더 오래 맡길 수 있는 서비스로 인식하게 된 것이다. 돈이 부모의 책임감을 약화시킨 것이다.

현대에 와서 체계가 생활 세계를 깊숙이 잠식하면서 공동체는 가장 왜소한 수준으로 움츠러 들었다. 체계는 권력과 돈의 논리로 움직이지만 공동체는 신뢰, 배려, 나눔의 논리로 작동하기 때문이다. 본질적으로 체계와 공동체는 서로 상극에 위치하고 있다고 할 수 있다. 그러나 인류가 체계에 의해 살아온 기간보다 공동체라는 생활 세계에 의지하여 살아 온 기간이 훨씬 긴 것만큼 인류의 DNA 에는 공동체를 필요로 하는 유전자가 흐르고 있다. 공동체가 형편없이 망가진 지금이 어쩌면 사람들이 가장 공동체를 절실히 원하고 있는 때가 아닌지 모른다.

스웨덴 스톡홀름에 20가구가 사는 공동 주택의 1층에는 아파트 주민이 함께 사용하는 공동 부엌이 있다. 이 아파트의 주민들은 15년 동안 매일 저녁 식사를 부엌에서 같이 만들고 같이 먹는다. 이들은 단지 같은 아파트에 사는 주민들일 뿐이며 남남인 이웃일 뿐이다.

그럼에도 이들은 나이 많은 노인과 젊은이가 같이 식사를 만들고 먹으며 대화를 나눈다. 스웨덴은 1인 가구 비율이 60%로 전 세계에서 '싱글족'이 가장 많은 나라이다. 사람의 체온이 그리운 나머지 공동 부엌의 문화가 형성된 것이다.

불과 20년전 서울 변두리 마을을 배경으로 펼쳐진 텔레비전 드라마 '응답하라 1988'(이하 '응팔')가 폭발적인 인기를 끌었던 이유를 잃어버린 공동체성에 대한 향수에서 찾는 평론가들이 많다. 특히, 그 당시 골목은 공동체적 공간으로 사람들에게 각인되어 있다. 아이들이 온갖 놀이를 하며 떠들다가 날이 어둑해지기 시작하면 하나같이 밥 먹으라는 엄마의 호출에 이끌려 하나 둘씩 집으로 돌아가던 곳, 겨울이면 누구라 할 것 없이 빗자루를 들고 나와 서로 눈을 치우던 곳, 옆집에서 빌린 만화책을 돌려주려 밤에 종종 걸음 치던 곳인 것이다. 응팔에 바로 그 기억 속의 골목이 복원되자 사람들은 텔레비전 앞에서 각자 자기 기억 속의 공동체를 그리워했다.

우리가 사는 동네(마을)는 단지 우리의 주거지가 세워져 있는 물리적 공간 만이 아니다. 사람들이 만나고 정보를 교환하고 위로받고 필요할 경우 서로 돕는 사회적 공간도 되는 것이다. 사람이라는 생물은 유전적으로 혼자 살 수 있는 존재가 아니다. 먹고 입고 자는 곳이 풍족해도 사람은 관계를 필요로 한다. 수만년간 사람은 서로 관계를 맺고 나누고 소통하며 살아왔다. 마을자치는 바로 사람과의 관계와 소통의 복원을 목표로 한다.

1. 지방 자치의 위기와 하버마스

"건설업자한테서 수천만원의 금품을 받은 혐의(특정범죄가

중처벌법상 뇌물수수)로 구속기소된 민선 5기 김00(59) 전 경기도 용인시장에게 징역 3년6월에 벌금 5천만원과 추징금 4천만원이 선고됐다. 이로써 용인시는 지방자치 실시 이후 뽑힌 민선 용인시장 5명 전원이 비리로 재판을 받아 징역형을 선고받는 '불명예 기록'을 세웠다." (2016. 4. 22. 자 한겨레 신문 '민선 20년 용인시 역대 시장 5명 전원 '징역'…비리로 얼룩진 지방자치 '기사 중)

1996년 민선 지방자치가 도입된 이래로 21년이 넘었다. 그러나 우리나라에 지방자치가 정착되었다고 생각하는 사람은 많지 않다. 오히려 지방 자치의 위기라고 생각하는 사람들이 더 많을 것이다. 사람들은 지방 자치의 도입으로 지방 권력을 중앙 권력으로부터 독립시켜 지방의 고유성, 특수성에 기반한 자치행정을 펼치는 것을 기대했다. 그러나 지난 25년간 상황은 거꾸로 전개되어 지방자치는 기초의원, 광역의원의 정당 공천제를 지렛대 삼아 지방 권력이 더욱 강하게 중앙 권력에 종속되도록 하는 결과를 가져 왔다. 다음 선거에서 중앙당의 공천을 받아야 하는 자치단체장과 지방의회 의원들은 임기 내내 지역민과의 소통을 통한 지역발전 보다 중앙의 정치 풍향에 촉각을 곤두세우며 살아야 하는 해바라기로 전락해 버렸다. 이에 더하여 지역발전을 위한 자치단체의 정책들은 단체장, 의원, 공무원과 결탁한 지역 토건업자 등 일부 영리업자들의 사업 배분 수단으로 활용되고 있다.

우리의 생활에 가장 근접해 있으면서 우리의 행복한 삶을 위한 조건을 만들어 주어야 하는 지방자치가 이 모양으로 위기에 빠져 침몰하고 있을 때 우리의 생활은 지금 어떤 상황에 봉착하여 있는지를 진단해 볼 필요가 있다. 후기 산업사회에서 사람이 사는 양상을 치밀하고 설득력있게 진단하였다고 평가받는 이가 바로 독일의 위르겐 하버마스이다. 그는 지금도 생존해 있는 세계 최고 수준의 철학자, 사회학자, 심리학자이며 언론인이다. 조금 뒤에 우리의 주제와 관련이 있는 하버마스의 사회학 이론을 볼 것이지만 먼저 이야기 할 것은 하버마스와 우리나라와의 관계이다. 하버마스가 세계적으로 두각을 나타낸 것은 일찍이 1970년대부터이지만 그의 저서들은 1980년대 후반까지 국내에 들여 올 수 없었으니 그 이유는 그가 재야 운동가로 유명한 뮌스터 대학교의 송두율 교수의 박사학위 논문 지도교수였기 때문이었다는 것이 정설이다. 후에 송두율 교수는 한 강연에서 하버마스와의 웃픈(?) 일화를 다음과 같이 소개했다.

"내가 감옥에서 '안중근 평화상'을 받았다. 나는 감옥에 있어서 나갈 수 없어 아내가 대신 받았는데 하버마스는 내가 수상하러 감옥 밖으로 나온 줄 알고 얼른 독일 대사관으로 피신하라고 했다. 그는 한국을 모르는 사람이다. 내가 독일 대사관으로 피신을 갔다면 민족반역자라고 사람들은 비판했을 것이다."(2010. 6. 4. 자 송두율 교수의 독일 강연 원고 중)

하버마스는 1960 대말 당시 서독 대학생들의 좌파적 학생

운동을 좌파 파시즘이라 비판하였다가 학생들과 지식인들로부터 맹렬한 비난을 받은 적이 있을 정도로 좌든 우든 비이성적인 집단적 광기를 혐오한 사람이었다. 이러한 하버마스의 성향을 당시 한국 정부의 공안 기관이 알았다면 구태여 그의 책을 금지하지는 않았을 것이다.

하버마스는 놀라운 통찰력으로 우리가 아무 생각 없이 살고 있는 세계를 두가지 세계로 구분하였다. 그 중 첫째 세계는 우리가 의사소통 그 자체를 목적으로 하며 살고 있는 세계다. 예를 들어 우리는 친구와의 만남이나 각종 동호회가 돈을 벌어 주는 것도 아니지만 사람을 만나고 대화를 한다는 그 자체에 목적을 두고 모임에 나간다. 이렇게 의사소통으로 타인에 대한 이해의 촉진을 목적으로 이루어지는 세계를 하버마스는 '생활 세계'라 명명한다.

개인의 입장에서 보면 생활세계는 비록 돈벌이는 되지 않고 오히려 돈이 들어가는 세계이기는 하지만 사회적으로는 매우 중요하다. 왜냐하면 생활 세계의 한 예인 가정, 친구 모임, 동호회와 같은 곳에서 개인의 사회화와 문화의 전승이 이루어지기 때문이다. 다시 말해 생활 세계는 사회의 문화적 영속성을 담당하고 있다고 말할 수 있다. 하버마스에게 있어서 생활세계가 더욱 중요한 이유는 바로 시민들의 합리적 정치적 의사가 바로 생활세계의 공론장에서 결정되고 표출되기 때문이다. 생활세계의 공론장에서 만이 시민들이 돈이나 권력과 같은 불순한(?) 의도없이 자신과 이웃의 삶을 위해 더 나은 대안을 토론하여 결론을 도출할 수 있기 때문에 공론장은 민주주의의 실현에 매우 중요한 장소인 것이다.

다른 하나의 세계는 우리가 돈이나 권력과 같은 목적을 가지고 활동하는 세계다. 내가 자영업자라면 장사를 하면서 고객과 공급업자를 만나는 세계, 권력으로 국가질서를 유지하는 각종 행정세계가 그 예로 하버마스는 이를 '체계'라고 부른다. 이 세계는 사회가 발달할수록 복잡해지는 특징을 나타내는데 그 목적지향성이 지나치면 생활세계까지 장악하여 '식민화'하는 경향이 있다. 국정원과 국군 사이버 사령부가 공무원과 민간인을 동원하여 순수한 시민의 의사표현의 장인 인터넷 기사 댓글 란에 목적이 담긴 댓글을 달도록 한 것은 행정이라는 '체계' 세계가 권력의 확보와 유지라는 자기 목적을 위하여 시민의 의사소통공간인 생활세계를 잠식한 사례다. 당초 자발적 시민의 의사표현 수단이었던 시민단체들이 정부의 이전 저런 지원에 의해 비판 대상인 정부와 유착하여 관변단체화 된 것도 생활 세계가 체계에 의해 식민화된 예이다.

그럼 하버마스의 두 세계, 즉, '생활세계'와 '체계'는 우리의 지방 자치 현실과 어떤 관련을 갖는가? 우선 주민을 다스리는 권력이 중앙권력이 지방권력으로 대치되는 식의 지방자치는 주민에게 아무런 의미가 없다는 것을 의미한다. 중앙권력이든 지방권력이든 '체계'라는 점에서 주민에게는 동일하기 때문이다. 주민이 요구하는 자치는 주민의 '생활세계'를 확장하고 풍요롭게 해주는 자치를 의미하며 그러기 위해서는 주민을 다스리는 지방권력의 패러다임이 완전히 바뀌어야 한다.

우리는 친숙한 이장, 반장, 통장, 그리고 반상회라는 용어에 친숙하다. 과거 권위주의 정권 시절에는 이장, 반장 등을 통한 반상회 참석 압력이 매우 강하였다. 반상회에 참석하지 않으면 사회 불만분자, 국가시책에 협조하지 않은 자로 낙인찍히는 것이 두려워 할 수없이 반상회에 참석하여 이장 등으로부터 정부 시책을 듣고 앉아있어야 했다. 하지만 원래 마을 회의라는 것은 자연 발생적으로 마을 주민들이 한 자리에 모여 생활 관심사를 논의하고 나라 걱정도 하고 정보도 교환하던 - 하버마스 식으로 말해서 이해와 의사소통을 지향하던 - '생활세계'였다. 그러나 주민 동원을 목적으로 한 행정이 마을 회의를 반상회라는 목적 지향적인 '체계'로 변질시켜 '식민화' 해버린 것이다. 이런 식으로 근대화와 함께 국가 행정과 자본주의 경제라는 체계가 고도화되고 복잡해지면서 자기 확대를 하여 사람의 자기실현의 장인 생활세계는 점차 쪼그라들게 되었다. 지방자치의 면에서 보면 이장이나 통장과 같은 국가행정 조직의 말단이 본의 아니게 체계 확대의 역할을 수행한 것이다.

돈의 논리가 가정에 침투하면 가정은 더 이상 구성원간의 이해와 의사소통에 기반하는 '생활세계'가 아니라 목적 지향적인 '체계'가 되는데 현대의 많은 가정이 겪고 있는 비극이다. 하루가 멀다하고 보도되는 존속 살인, 이혼, 가정 폭력과 같은 사건들의 배경에는 가정의 '체계'로의 식민지화가 있다. 가족 간의 순수한 의사소통이 존재하지 않고 돈과 같은 목적 지향적 의사소통이 지배하는 가정에서 성장한 아이는 정상적인 품성을 가진 인간으로 살아가기 어렵기 때문이다. 이러한 의미에서 하버마스는 체계에 의한 생활세계의 식민지화가 현대 사회의 병리라고 말하는 것이며 앞으로의 정치나 사회운동은 생활세계를 복원하고 확대하는 방향으로 일어나야 한다고 주장하는 것이다.

2. 외로운 늑대와 묻지마 투표

우리 사회에 생활세계가 사라지고 체계만 남으면 어떤 문제가 생기는가? 일상생활의 핵심적 터전인 가정이 체계의 식민지가 될 때 개인에게나 사회적으로나 끔찍한 부작용이 일어나듯이 이웃 공동체 역시 생활세계의 특성을 잃어버리고 체계로 편입될 때 우리 자신과 사회에 온갖 부작용이 일어나게 되어 있는 것은 필연이다. 이웃 공동체 붕괴에 따른 병리 현상으로 개인주의의 만연, 범죄의 증가, 타인에 대한 불신의 증가 등 여러 가지가 있지만 그 중 치명적인 것은 사회에서 고립되어 이웃에 대한 증오감을 쌓아가는 외로운 늑대(lonely wolf)에 의한 범죄들이 급증한다는 것이다.

사람이 건전한 사회관, 인간관을 습득하고 체화하는 것은 바로 가정, 이웃공동체, 친지 공동체와 같은 오직 상호 이해만을 목적으로 하는 생활 세계에서의 교류에 의하여서만이 가능하다. 그러나 가정이 붕괴되고 1인 가구가 급증한 지금은 사람이 만일 직장이나 학교에 다니지 않고 집에서 혼자 생활하는 경우에는 사회로부터 차단되기가 매우 쉽다. 말을 붙여 줄 이웃공동체가 없는 상황에서 건전한 대화의 장에 끼여들 기회가 없으므로 점차 타인에 대한 이해가 희박해지고 불신이 늘어가다 보면 어느덧 사회와 이웃을 증오하는 외로운 늑대형의 범죄자가 되는 것이다. 과거 전통사회에서는 볼 수 없었던 각종 엽기적인 아동 살해, 연쇄 살해, 잔혹 살해, 충동 살해와 같은 범죄는 바로 외로운 늑대형 인간이 우리 사회에서 많아진 결과이다.

 비록 범죄자에 이르지는 않더라도 극우나 극좌와 같은 극단적 이념주의자들이 늘어나는 것도 생활세계에 속하는 공론장이 붕괴된 결과라 할 수 있다. 그나마 학교를 다니거나 직장을 다니는 사람은 학우, 교사, 동료들과의 대화를 통해 공론을 접할 기회가 있다. 그러나 직장을 가지지 않고 집에서 혼자 생활하는 사람은 공론을 접할 기회가 없는 것이다. 노인층의 경우에는 경로당이나 구청 노인 복지관에 나가서 이웃 노인을 만나 공론을 접하기는 한다. 그러나 이러한 공론장의 중요성을 간파한 행정은 경로당과 노인 복지관 등을 관제 여론의 선

전장으로 만들어 버렸다. 태극기 부대가 바로 그 대표적인 사례다. 토론과 성찰에 의한 합리적 공론을 접하지 못하고 단편적인 유언비어만을 접하면서 극단적인 견해를 형성하는 사람이 늘어나고 있는 것이다.

우리나라 지방자치 선거의 고질적 문제점인 '묻지마 투표' 현상 역시 '외로운 늑대' 현상과 그 뿌리를 같이 한다. '묻지마 투표'란 예를 들어 투표소에 들어선 유권자가 광역단체장 후보에서 기호 1번을 찍으면 그 다음 항목도 무조건 차례로 1번을 찍는 식의 투표 방식을 말한다, 묻지마 투표는 후보자에 대한 정보가 없기 때문에 생긴다. 그도 그럴 것이 당장 내 아파트의 윗층, 아래층 사람도 모르는데 후보자를 알 수는 없는 것이다. 그렇다고 그들에 대한 정보를 귀동냥할 수 있는 이웃 간 만남의 자리가 있는 것도 아니다. 공론의 내용 중에는 사람에 대한 인물평도 당연히 있을 수 있는데 지역 공론이 사라지면서 누가 지역의 대표자로서 능력이 있고 사심없이 일할 수 있는 사람인가에 대한 합리적인 정보 역시 사라지게 되었다. 기초의회 의원의 출마자는 많은데 이웃과의 공론 대화가 없으니 그들이 누구인지 알 길이 없는 것이다. 이 틈을 비집고 당선되기 쉬운 사람은 유력 정당에 금전을 바치고 공천을 받은 함량 미달의 부패 성향의 인사들이다. 지방자치와 지역 공론은 같은 의미임에도 불구하고 1992년 지방자치제가 도입될 당시에 이미 우리나라에 지역 공론장이 파괴된 상황이었으며 따라서 지방자치는 불구를 면치 못했던 것이다. 우리 이웃에 공론장이 사라졌다는 것은 우리가 우리의 생활에 직접 관련이 있는 문제에 대해 정보를 교환하고 여론을 형성할 수 있는 통로를 가지지 못한다는 것이며 단지 행정의 소비자, 수혜자로만 머물러 있어야 한다는 것을 의미한다. 그러나 우리 인간은 누구나 자신의 문제를 자신이 주체가 되어 해결하고자 하는 본성이 있으므로 지금의 왜곡된 지방자치는 필연적으로 사람들의 저항과 문제제기에 직면하게 될 수 밖에 없다. 이제 과거와는 다른 새로운 자치를 모색해야 할 때가 된 것이다.

3. 기든스의 생활 정치와 태교

근래에 마을자치가 각광받는 이유는 세상이 세계화되면서 국가의 중요성이 현저히 줄었기 때문이다. 우리의 식탁 반찬은 자유무역협정과 WTO 협정과 같은 국제적 조약에 의해 영향받고 있고 우리가 마시는 공기는 국경 너머서 날아오는 미세먼지로 오염되고 있다. 젊은이들은 외국의 대중 문화에 열광하고 핵전쟁이 일어날 지의 여부는 우리 정부가 아닌 국제 정세가 결정한다. 게다가 주식시세와 무역수지, 나의 일자리는 국제 경제 여건에 의해 좌우된다. 요컨대 정부가 나의 삶을 위해 해줄 수 있는 게 과거보다 많지 않게 된 것이다. 나 자신의 먹거리와 입을 거리의 안전은 국가가 보장해주는 것이 아니라는 것을 알게 된 사람들은 이제 이웃들과 자신의 생활 문제의 개선을 위해 연대하고 있다. 특히 내가 먹고 입는 것이 전 지구적 환경에 영향을 미친다는 깨달음을 얻고 친환경적 농산물 먹기, 밍크코트 입지 않기, 공정 무역 상품 구매하기, 환경파괴 기업의 제품 불매하기 등과 같은 자치 운동을 벌려 나가고 있다.

이같은 마을자치 운동은 영국의 저명한 사회학자이자 철학자인 앤서니 기든스가 제안한 생활 정치(life politics)와 대체로 유사한 개념이라고 할 수 있다. 기든스는 사회가 인간에게 영향을 미치기도 하지만 인간도 그 성찰적인 특성을 이용하여 사회가 주는 대로 받는 것이 아니라 사회를 원하는 방향으로 영향을 미치기도 한다고 주장한다. 즉, 현 시대가 필요로 하는 인간형은 주어진 구조 속에서 관행을 극복하고 능동적으로 결정하는 성찰적 인간이다. 또한 그는 전 지구적으로 인간들의 상호 의존성이 증대되고 기능이 분화된 현대를 불확실성의 시대로 본다. 북극의 에스키모들은 지구 온난화에 큰 책임이 없지만 다른 사람들이 화석 연료를 마구 때어 되는 바람에 빙하가 녹으면서 전통적인 생존환경이 위협받고 있다. 중국의 13억 인구가 피자 맛이나 참치 맛에 길들여지는 순간 유럽 사람들은 치즈나 참치를 구경하기 힘들어 질지도 모른다.

이러한 불확실한 재앙 가능성을 예방하는 방법은 사람들의 성찰성에 기초한 생활 정치뿐이다. 거대 자본의 논리에 예속

된 국가나 기업이 그러한 역할을 해줄 것을 기대하는 것은 애초에 불가능하다. 그러므로 성찰적인 사람들과 사회가 국가와 기업에 압력을 가하고 지속 가능하고 친 환경적인 생활 습관을 실천해 나가야 한다는 것이다. 그러나 한 개인이 충분히 성찰적인 결론을 이끌어 내고 그에 걸맞는 행동을 제안, 실천하기는 어려우므로 기든스는 서로 이해나 가치가 대립하는 사람들이 논쟁과 토론이라는 사회적 성찰을 통해 합의에 도달하여야 하며 이 과정이 바로 생활 정치라고 주장한다.

기든스가 말하는 성찰의 주제는 인간은 자연에 대해 어떤 책임을 가지는가, 태아는 어떠한 권리를 가지고 있는가, 과학 혁신에 어떠한 제한이 필요한가, 개인은 자기의 신체에 대해 어떤 권리를 가지고 있는가와 같은 심오한 문제들을 포함한다. 이러한 주제에 대한 진지한 사회적인 성찰이 있어야 현대 세계가 당면한 불확실성을 줄이는 방향으로 인류의 노력을 경주할 수 있기 때문이다. 따라서 기든스의 생활정치는 종국적으로 현대인의 자기(자아)실현(self actualisation) 과정이기도 한 것이다. 이러한 점에서 태교도 생활 정치의 대상에 포함된다.

태교란 '태아가 엄마 뱃속에 있을 때 전해 듣는 말이나 엄마의 생각 등에 영향을 받는다는 전제로 임신 중에 태아의 정서적인 안정과 지적 발달에 도움이 되는 행위나 생각을 하는 것'을 말한다. 일반인의 생각에 태교란 산모가 하는 것이며 조선시대의 여인들처럼 아이를 가졌을 때는 좋은 생각을 하고 좋은 것을 먹고 좋은 음악을 들으면 되는 정도의 것이다. 그러한 의미에서 태교는 지극히 사적인 영역이라 할 수 있다. 그러나, 경기도 용인시는 지방자치단체가 좋은 태교를 개발하고 확산하기 위한 일을 할 수는 있다는 논리를 들어 태교도시의 건설을 표방하고 있다. 실제로 경기도 용인시는 태교 도시 사업의 일환으로 태교 숲길을 조성하고 출산 용품을 지원하고 올바른 인성을 갖춘 성숙한 시민을 양성하는 것과 같은 정책을 시행하고 있다. 이러한 논리라면 금슬이 좋은 부부관계를 장려하고 촉진하는 '금슬도시'를 만드는 정책도 가능하지 못할 것도 없을 것이다. 부부 금슬을 좋게 하기 위한 교육, 행사 개최 등 정책적인 방법을 얼마든지 있을 테니 말이다. 이렇게 보면 그 타당성은 별론으로 하고 지방자치단체가 관여하지 못할 사적인 영역이 있을까 싶은 정도다.

과거 전통사회에서 국가나 지방 정부의 역할은 의식주와 같은 물리적 서비스와 관련된 사항에 국한되었으며 주민의 정신적 측면까지는 크게 관심을 두지 않았다. 사람이 삶에서 받는 온갖 고통에 대한 위로와 회복은 당사자와 공동체에 맡겨져 있었다. 그러나 이웃공동체가 파괴되고 신자유주의적 경쟁체제가 강화된 지금은 스트레스와 같은 심리적 고통은 심해진 반면 이를 위로하고 회복시켜 줄 사회적 기제가 없는 상황이다.

사람은 각종 사회적 경쟁 속에 노출되면 사회적 스트레스를 받게 된다. 연구에 따르면 이는 스트레스 호르몬인 테스토스

테론을 증가시켜 우울증, 불안증과 같은 부정적 정서의 민감성을 증가 시킨다. 이 스트레스 호르몬을 줄이는 효과적인 방법이 바로 다른 사람으로부터 받는 사회적 지지(social support)나 공감(empathy)이다.

사회적 지지(Social support)는 타인들로부터 제공되는 각종 자원으로써 개인을 둘러싸고 있는 환경에서 개인 자신과 관련을 맺고 있는 가족, 친구, 직장동료, 이웃 등이 제공하는 여러 형태의 도움과 원조를 뜻한다. 개인과 집단 간 집합체 속에서 자신과 관련이 있는 타인으로부터 사회적 지지를 받고 있다는 것은 개개인의 정서적, 심리적 안정에 많은 영향을 미치게 되며 이러한 사회적 지지는 일상생활에서 스트레스 경험과 적응을 중재하는 중요한 변수로써 작용한다. 이렇듯, 사회적 지지는 인간의 신체적, 사회적 건강에 영향을 주며 스트레스에 대한 효과적 완충 작용을 한다. 한편 공감이란 상대방의 감정과 심리상태 및 경험을 마치 나의 것과 같이 느끼는 것으로 상대방의 내적 경험을 매 순간 함께 느끼며, 의사소통 과정을 포함하는 복합적인 행동이다. 즉, 서로간의 인간관계의 질을 결정하는 중요한 요인이다. 결국 이러한 사회적 지지와 공감능력은 개인의 회복탄력성(resilience)에 영향을 미치는 요인인 것이다.

사회적 지지와 공감은 사회구성원 간의 상호작용 속에서 이루어질 수 있다. 따라서 사회구성원들이 함께 모이고, 공감하고, 연대할 수 있는 여건을 만들어 주는 것이 필요하다는 견

해가 제시되고 있으며, 이를 위하여 각종 공동체의 중요성이 부각되고 있다. 특히, 과거에는 사회적 이슈나 경제적 목적을 위한 각종 시민단체나 사회단체의 활동이 강조되었으나, 최근에는 구성원 간 정서적인 공감이나 스포츠와 취미 생활을 위한 공동체의 필요성도 부각되고 있다. 이러한 모습은 하버마스가 말한 공론장으로서의 사회 구성원의 의사소통의 단계보다 더 나아가 단순히 공감과 연대를 위한 사회적 대화의 장을 강조하는 것으로 볼 수 있다. 이는 기든스가 말한 현대적 자아와 성찰적 인간상에 가깝다고 볼 수 있을 것이다.

이렇듯 최근의 지방자치에서는 과거 공적영역에서 배제되거나 간과되었던 일상 생활과 관련된 주제들에 대한 관심이 늘어나고 있다. 사회와 가정, 남성과 여성, 지역사회 공동체 등 공적영역과 사적영역이라는 이분법적 접근으로는 해결하기 어려운 이슈들이 대두되고 있는 것이다. 특히, 이웃공동체 붕괴의 문제에 대응하여 주민과 주민간의 관계, 주민 간 공감과 연대 등과 같이 전통적으로 사적영역으로 간주되는 영역에 대한 공적 접근이 요구되고 있는데 이는 현재의 지방 행정에 새로운 패러다임을 요구한다.

4. 지방자치 패러다임의 전환이 필요하다

1991년 지방의회가 재구성되고 1995년에 시장, 군수, 구청장과 시·도지사를 주민이 직접 선거로 선출하면서 지방자치가 본격적으로 시작되었다. 그러나 앞에서 본대로 우리의 지방자치는 중앙 권력에 과도하게 종속되어 있으며 '지방자치단체에 의한 지방자치'만 되풀이 하고 있을 뿐 지방의 주인인 '주민에 의한 자치'와는 거리가 멀다. '주민에 의한 자치'로 들어 가기 위해서는 지금까지의 지방자치와는 혁명적으로 변화된 자치의 패러다임이 필요하다.

우선 지방자치의 주 아젠다가 자치권의 확보에서 공동체 육성으로 전환되어야 한다. 20년간 우리의 지방자치가 주로 무엇에 관심을 가지고 있었는지는 소위 지방자치 주요 협의체인 광역단체장 협의회, 기초단체장 협의회, 지방의회 의장협의회 등의 의제를 보면 알 수 있다. 이들 지방자치 협의회의 의제는 언제나 중앙정부에 대해 더 많은 자치권과 재정권을 요구하는 것이었다. 그러나 더 많은 자치권과 재정권이 무엇을 위해 필요한 지에 대해서는 깊이 논의된 바가 없는 것이다. 지방자치의 목적과 본질에 대한 검토는 젖혀 둔 채 자치권 타령만 하는 것은 어쩌면 중앙 정부보다 지방자치단체가 주민을 다스리는 데 있어 더 많은 권력을 가지기 위한 것일 수도 있는 것이다. 심하게 말하면 중앙 정부와 지방자치단체 간의 밥그릇 싸움의 수준인 것이다.

사실 현재 수준의 자치권과 재정 능력으로도 '주민에 의한 자치'를 실행하는데 큰 문제가 없다. 말 그대로 주민들이 주체가 되는 자치이므로 오히려 주민의 자발성에 기초하여 자치에 필요한 인적, 물적 자원을 충당하게 되면 지금의 공무원들이 주체가 되는 자치보다 비용이 적게 들수도 있으며 같은 비용으로도 더 큰 효과를 낼 수도 있기 때문이다. 그러므로 지방자치단체가 할 일은 어떻게 하면 지역 공동체를 활성화하여 지역사회 자체의 자활력이나 자생력을 키울 수 있는지를 고민하고 연구하고 이를 할 수 있는 역량을 스스로 키우는 것이다. 지난 20년간 주민을 지시, 계몽, 동원의 대상으로만 바라보고 일을 해온 지자체 공무원들은 주민과 동등하게 함께 일하며 주민 공동체의 역량을 키우는 과업을 수행하는 능력이 매우 약하다. 실제로 필자가 농수산부에서 오랫동안 추진해온 주민 주도의 농촌마을 개발사업이 왜 부진한지 그 이유를 파악하기 위해 실태 조사를 해 본 결과 대부분의 지역에서 시청과 군청의 담당 부서와 담당 공무원들의 몰이해와 역량부족이 가장 큰 원인이었다. 아직도 농촌마을 개발이라 하면 정부 돈을 들여서 마을 길을 넓히고 마을 회관을 지어 주는 정도로 생각하고 그러한 방법 밖에 알지 못하는 공무원들이 대부분이었다. 요건태 주민의 역량 이전에 공무원과 지자체의 역량 부족이 '주민에 의한 자치'의 걸림돌인 것이다.

이제 지방 자치단체가 주민에게 할 수 있는 최고의 서비스는 주민들이 자치를 잘하도록 도와주고 지원해 주는 것이다. 그러나 우리의 지방자치단체는 그보다 직접 무엇을 해주는데 훨씬 익숙하다, 마을 회관을 지어주고, 보조금을 지원해주고,

도로를 내어 주는 등등 딱 떨어지고 눈에 보이고 생색이 나는 일을 중심으로 한다. 주민을 전면에 내세우고 주민들이 스스로 하도록 내버려 두다가 반드시 필요한 순간에 나서서 도와주어야 하는 데 현실은 오히려 그 반대다. 주민간 분쟁이라도 발생하면 오히려 괜한 시비에 휘말릴 것이 두려워 공무원들은 뒤로 싹 빠진다. 이제 주민들은 중재자 없이 자기들끼리 한참을 싸우다가 공동체는 신뢰는 파괴되고 만다. 공무원들은 문제가 없고 생색이 날 일에만 공연히 끼어든다. 사실 문제가 없을 때에는 공무원이 필요 없는 때이다.

중앙정부와 차별화되게 지방자치단체가 진정으로 잘 할 수 있고 잘 하여야 하는 일은 경제적으로 부강한 지역을 만드는 일이 아니다. 그것은 중앙정부가 하여야 할 일이고 지자체는 이와 관련하여 별다른 권한도 없는 경우가 대부분이다. 특히 글로벌 시대에 있어 중앙 정부(국가)도 경제 성장을 위해 할 수 있는 일은 극히 제한되어 있는 마당에 지방자치단체는 더 말할 나위도 없다. 지자체가 고유하게 해야 하고 할 수 있는 일은 주민 공동체와 그 안의 주민의 삶을 보살피는 일일 것이다. 주민 공동체가 성장하면 지역 사회의 역량이 성장하고 결국 지역 경제도 살아 날 수 있다는 것이 지방자치의 기본 원리가 되어야 하고 지자체 업무의 방향이 되어야 하는 것이다.

2장 이제는 마을자치의 시대다

1. 마을자치란 무엇인가

서울시 마포구에 위치한 성미산 마을은 겉으로는 다른 평범한 서울 동네들과 다르지 않아 보인다. 그러나 동네 골목을 찬찬히 살피며 걷다보면 아이들 어른들 할 것 없이 서로 인사하는 모습에서 다른 서울 동네에서는 느끼기 어려운 '사람들이 같이 사는 냄새'가 난다. 마을 곳곳에는 주민들이 직접 차린 학교, 가게, 카페, 어린이집들이 자리하고 있다.

성미산 아이들의 반 이상은 2004년에 개교한 대안학교인 성미산 학교에서 성미산식 교육을 받는다. 아이들은 학원에 가기보다는 부모들이나 부모들이 직접 고용한 교사가 가르치는 방과 후 학교를 이용한다. 동네의 '직장맘'들을 위해 '동네 부엌'에서 유기농 음식을 만들어 판다. 아이들에게 유기농 식품을 먹이고자 처음에 12명의 엄마들이 주축이 되어 결성한 조합 '두레생협'은 이제 서울 전역에 걸쳐 8500명의 조합원을 보유하고 있다. 아토피가 심한 아이가 먹을 아이스크림을 만들던 곳은 주민 쉼터인 '작은나무' 카페로 변모했다. 성미산 마을에는 이렇게 주민이 직접 차리고 운영하는 마을 기업만 해도 10개나 된다.

성미산마을의 가구 수는 모두 600가구 정도며 사람 수로는 모두 1,500명 수준이지만 마을 축제를 열면 약 1000명이 참가하고 준비 인원만 해도 거의 300명에 달한다. 그 만큼 마을에 대한 주민의 주인 의식과 애착이 높다는 것이다. 더욱 소중한 결과는 지난 20년간 마을 만들기 경험을 통해 주민들의 삶 자체가 근본적으로 좋은 방향으로 나아졌다는 것이다. 주민들은 삶에 대한 자신과 용기를 얻었고 마을에서 남은 인생을 같이 걸어갈 친구도 사귀게 되었다. 노년을 준비하는 장년층 주민들은 함께 밴드나 다른 취미 모임을 만들어 앞으로 같이할 거리들을 축적해 놓고 있다. 성미산 마을은 거주 지역을 같이하면서 동시에 가치관을 같이하는 사람들이 만든 공동체다.

전라북도 진안군 정천면 학동마을은 27가구만 사는 산골 오지 마을이다. 그러나 학동마을은 마을 주민 전부가 참여하여 전국적으로 유명한 씨없는 곶감을 만들고 여름에는 산림체험 휴양관을 운영하고 있다. 씨없는 곶감은 주문량이 비해 생산량이 적어 매년 조기에 품절되고 물좋은 계곡에 자리잡은 산림체험휴양관은 여름 내내 피서객들로 초만원을 이룬다.

27가구만 사는 작은 마을이다 보니 당연히 모든 주민이 공동으로 사업에 참여하여 일을 하고 일을 한 만큼 수익을 배분받는다. 수익이 생각보다 많지는 않아도 주민들은 행복하다. 이웃과 재미있게 일하면서 돈도 벌 수 있기 때문이다. 주민들이 행복하니 당연히 인심도 좋아 피서 오는 외지인들에게 각박하게 대하지 않고 인심 좋게 대접한다. 그러다 보니 한 번 온 사람이 다음 해에도 또 오는 경우가 많다.

귀농인도 전혀 없는 오지 마을이 이렇게 주민이 행복한 마을이 된 것은 이제까지 30년 동안 이장 직을 맡아 마을을 가꾸어 온 최 명근 이장의 헌신과 봉사가 큰 역할을 했다. 어디서나 리더는 고독한 법, 반신반의하는 주민들을 이끌고 사람이 살고 싶은 마을을 만들어 오는 것이 쉬운 것만은 아니었다. 주민이 자신의 뜻을 오해하는 것처럼 보일 때에는 혼자서 맘고생도 많이 하고 이장직을 그만 둔적도 있었다. 그러나 지금 최 명근 이장은 마을 만들기 사업을 잘했다고 생각한다. 왜냐하면 그의 후손들이 앞으로 이곳에서 계속 살아갈 수 있는 기반을 만들었다고 생각하기 때문이다.

이 사례들을 읽고 어떤 생각이 드는가? 혹시 당신도 그런 마을에서 이웃들과 어울리며 살아 보았으면 좋겠다는 생각이 든다면, 나아가 당신도 그런 마을을 만드는데 기여하고 싶다는 생각이 든다면 당신은 마을자치에 관심이 있는 것이다.

마을자치란 바로 이런 것이다. 주민들이 스스로 주인이 되어 자신들이 거주하는 지역과 이웃 공동체를 보다 살기 좋은 곳으로 만들어 나가는 것이다. 이제부터는 마을자치의 시대라고 하는 것은 이제 우리나라도 경제적 소득 수준으로 보아 마을자치의 여건이 무르익었고 이미 일부 지역에서는 국가와 지자체의 지원이 있기 전부터 마을자치 운동이 나타나고 있는 중이기 때문이다. 위에서 본 두 사례도 그 중의 일부이다.

사실 아직도 마을자치라는 것은 면사무소, 동사무소, 읍사무소, 시청, 군청 공무원들과 이장, 통장과 같은 사람들이 하는 것이라는 생각을 가진 사람들이 많다. 그만큼 우리는 제대로 마을자치를 해본 경험이 없다는 반증이다. 그동안 주민들은 국가와 지자체로부터 행정서비스와 기타 지원을 받는 객체로만 인식되었고 스스로도 그렇게 인식해 온 것이 사실이다. 그러나 정부는 주민에게 필요한 서비스와 시설을 제공해 줄 수는 있어도(그것도 예산이 있는 경우에만) 주민들 간의 관계를 좋게 해 줄 수는 없다. 주민들이 이웃과의 관계 속에서, 동네 사업을 같이 만들어 나가는 과정에서 삶의 의미를 발견하고 자존감을 높이는 일은 정부가 해 줄 수 있는 일이 아니다. 왜냐하면 이웃과 관계 맺기와 우리 동네 사업은 바로 내가, 그리고 우리가 직접 해야만 의미가 있기 때문이다.

우리나라 경제가 발달하지 않았던 시절에는 우리는 모두 먹고 살기에 바빠 이웃의 가치, 공동체의 가치를 모르고 각자 개인적으로 고립되어 자기의 삶을 영위해 왔다. 그러나 음식, 환경, 마음 자세 등 삶의 모든 면에서 웰빙의 바람이 휩쓸고 있는 지금은 사회적 웰빙의 관점에서 주민이 주인이 된 마을 자치와 그들 통한 마을 만들기에 눈을 돌려야 할 때다.

2. 사람들은 관계를 원한다

2011년 크리스마스가 얼마 남지 않은 12월 어느 날 청주의 한 아파트 단지 엘리베이터에 아이 글씨로 쓴 편지글이 붙었다,

> "12층에 이사 왔어요. 자기소개입니다. 힘세고 멋진 아빠랑 예쁜 엄마와 착하고 깜찍한 준희, 귀여운 여동생 지민, 저희는 16일 날 이사 왔어요. 새해 복 많이 받으세요. 1206호 사는 준희 올림."

얼마 뒤에 아이의 편지 글 옆에 포스트 잇에 쓴 답장이 붙었다,

> "준희야, 이사 와서 반가워. 앞으로 보면 인사하고 지내자. 항상 웃는 얼굴로. 605호 아줌마"

곧 엘리베이터 벽면에는 이사 온 아이를 환영하는 주민들의 답장 쪽지가 다닥 다닥 붙었다. 새로 이사 온 아이가 기존 주민에게 내민 인사말은 평소 엘리베이터에 만나도 서먹하기만 하던 같은 라인의 주민들이 서로 말을 건넬 계기를 만들어 준 것이다.

도시의 마을들이 하나 둘씩 사라지고 대신 그 자리를 아파트가 차지하면서 역시 사라진 것은 골목이다. 골목은 마을 사람들이 지나면서 서로 안부를 묻기도 하고 서서 이야기하기도 하는 광장이었다. 70년대 텔레비전 드라마만 보아도 골목을 배경으로 이웃 간의 사건이 벌어지는 경우가 많았다. 그러나 이제 도시 사람들은 더 이상 골목에 서서 이야길 하지 않는다. 아파트 엘리베이터에서도 인사를 잘 나누지 않는다. 골목이 사라지면서 이웃 간의 관계가 단절되어 버린 것이다.

멀리 사는 형제보다 이웃사촌이라는 말이 있다. 피가 섞였지만 멀리 사는 형제보다 가까이 사는 이웃이 사실은 더 도움이 된다는 뜻이다. 앞에서 든 청주 아파트의 예와 같이 사람들은 사생활을 보장하는 차가운 아파트에 각자 갇혀 살면서 이웃과의 소통을 원하고 있다. 기회만 주어지면 기꺼이 이웃과 마음을 열고 대화하고 필요한 사람을 도울 의사가 있는 것이다. 수년전 경기도 고양시의 한 아파트에서는 가구당 월 4,000원의 관리비를 절약하기 위하여 경비원 감축안을 추진했다. 어느 날 이 아파트 입주민인 김 남훈 씨가 페이스북에 올린 사진이 화제가 되었다. 김 씨는 아파트 경비원 감축안에 반대한다는 의미로 엘리베이터에 천 원짜리 지폐 4장과 '저 4000원 있습니다' 라는 제목의 인쇄물을 붙였다. 이를 본 주민들은 주민투표에서 경비원 해고 안건을 부결시켰다.

‘최고의 복지는 공동체 관계의 회복이다’하는 말이 있다. 옛날에 사는 형편이 넉넉지 않던 시절에는 이웃 간에 서로 도와가면서 살아 남 모르게 굶어 죽는 사람이 없었는데 먹을 것이 지천에 널린 지금은 오히려 외로움 속에 굶어 죽는 가족에 대한 기사가 심심치 않게 보도된다. 복지 제도만으로, 행정기관만으로 모든 복지 수요를 다 참아내고 충당할 수는 없는 것이다. 도시에서도 마을이 필요한 이유가 이 때문이다. 결국 마을자치는 관계 회복을 통해 사람의 살리고 사람을 행복하게 하는 일이 된다. 요즘 세상에 이보다 더 보람된 일이 얼마나 더 될까?

3. 마을자치의 태풍은 이미 시작되었다

2015년 충청남도 산하의 충남발전연구원은 농업농촌연구부 팀장으로 당시 진안군 마을만들기 팀장이던 구자인 박사를 채용했다, 아니 채용했다기보다는 모셔왔다는 말이 더 정확할 것이다. 구자인 박사는 서울대 해양학과와 환경대학원을 졸업하고 일본으로 건너가 마을만들기 박사학위를 받은 뒤 아무 연고도 없는 전북 진안으로 가족들을 데리고 내려가 10년간 계약직 공무원으로 일하면서 진안의 마을만들기 사업을 성공시킨 장본인이기 때문이다.

2000년 당시 농민운동가 출신인 임수진 진안군수는 우리나라 지방자치단체 중에서 최초로 마을만들기 사업을 핵심사업으로 선택하고 구 박사를 마을만들기 총괄 기획자로 채용했다. 당시 진안은 용담댐 건설로 약 만이천명 이상의 주민이 전주 등으로 이주하여 군 전체 인구가 2만명대로 주저앉으면서 군 전체가 활력을 잃는 것은 물론 군 자체의 존폐까지도 고민해야 하는 상황이었다. 마을만들기 사업은 진안의 인구를 다시 늘려야 한다는 절박감에서 시작된 것으로 반드시 성공해야 하는 것이었다. 성공하기 위해서는 하향식으로 보조금만 퍼붓는 임시 처방이 아닌 시간이 걸리더라도 건강하고 자생적인 공동체를 만들어야 했다,

구박사와 뜻을 같이하는 공무원, 귀농인들이 주민 주도의 마을만들기 사업에 뛰어든지 10년이 넘은 지금 진안군은 마을만들기의 메카로 부상했다. 진안군에만 약 300개의 마을에서 마을 만들기가 진행되고 있고 진안으로 살러오는 귀농귀촌인도 증가하여 2007년 183명에서 2014년에는 전체 인구의 10%에 달하는 1,919명으로 늘었다. 진안에는 1년 내내 마을만들기를 배우러 오는 방문객의 행렬이 끊이지 않는다. 서울시, 수원시, 완주군, 정읍시, 전주시를 비롯한 많은 지자체들이 진안군의 마을만들기 사례를 벤치마킹하고 있으며 연간 1,700 명 이상의 외부인이 진안군 모델을 배우러 방문하고 있다.

서울에서도 마을만들기의 바람이 거세다. 마을공동체 육성

은 박원순 시장의 핵심 공약으로 서울시는 현재 '마을공동체' 975곳과 '마을활동가' 3,180명을 육성하고 있는 중이다. 이를 위해 서울시는 은평구 녹번동에 마을공동체 사업을 종합 지원할 '서울시 마을공동체 종합지원센터'를 열기도 했다. 지역 주민들이 사업 제안서를 종합지원센터에 신청하면 심사를 거쳐 마을 한 곳마다 100만~600만원씩의 재정 지원을 받을 수 있다. 그리고 매년 청년들로 이루어진 공동체 50팀을 선정하여 1년 동안 팀별로 1000만원의 사업비를 지원한다. 또 공공시설에서 운영 중인 북카페, 마을예술창작소, 청소년 휴카페 등의 리모델링비와 운영비도 최고 5000만원까지 보조한다. 자녀문제 해결을 위한 부모커뮤니티와 육아문제 해결을 위한 돌봄공동체에도 적지 않은 예산을 지원한다. 아파트공동체사업도 지원 대상에 포함된다.

근래에 불고 있는 마을자치의 바람은 지난 십수년간 마을만들기의 뼈아픈 실패 경험에서 비롯한 것이다. 나라 살림이 넉넉해지면서 2000년대 초부터 정부는 부처별로 경쟁적으로 낙후된 농촌, 산촌, 어촌을 살린다는 명목으로 수십조원의 보조금을 퍼부었다. 행정자치부는 마을 기업과 주민자치회 시범사업 명목으로, 농림식품부는 색깔있는 마을만들기, 녹색마을만들기, 농어촌공동체회사 명목으로, 고용노동부는 사회적 기업의 명목으로, 산림청은 산촌생태마을 명목 등으로 막대한 보조금이 배정되고 지출되었다.

수십조원이 투입된 결과는 '밑빠진 독에 물붓기'였다. 정책 담당자들이 고대하던 성공 사례는 거의 나타나지 않았고 마을 자치의 성공사례는 오히려 정부 지원을 받지 않은 지역들을 중심으로 나타났다. 앞에서 말한 성미산 지역, 진안 지역은 정부 보조금에 의존한 지역이 아니었다. 주민 자치 활동가들과 주민들 스스로의 노력에 행정적인 지원이 일부 더해져 성공의 열매를 맺은 것이다.

수억에서 수십억을 지원 받은 마을들에서는 오히려 반대의 결과가 나타났다. 정부에 기대는 주민들의 의존성은 심화되었고 보조금을 둘러싼 주민 간 갈등으로 공동체는 더 약화되었고 정부와 지자체에 대한 불신은 더 커지는 현상이 나타났다, 마을자치와 마을만들기는 외부의 돈으로 해결되는 것이 아니라는 교훈을 철저히 습득한 것이 그나마의 성과라면 성과랄 것이다.

마을자치가 주민의 행복 증가라는 목적을 달성하기 위해서는 주민이 참여하는 마을자치가 되어야 한다. 적절한 운동이 나의 건강을 가장 좋은 방식으로 증진시키지만 남이 나를 위해 대신 운동해줄 수 없는 것과 마찬가지 이치다. 마을자치는 정부도, 기업도, 돈많은 독지가도 대신 해 줄 수 없는 진정한 풀뿌리 영역이다. 거대 자본이 장악할 수도 없고 진입할 수도 없는 가능성이 무한한 블루오션이다. 과거의 실패에 대한 뼈

저린 반성에서 시작된 마을자치의 바람은 공동체 만들기의 취지를 정확히 이해하고 봉사정신으로부터 헌신적으로 실천할 수 있는 주민자치 활동가를 절실히 필요로 하고 있다. 마을자치의 시대는 평범한 주민의 시대인 것이다.

3장 마을자치는 무엇을 어떻게 하는 것인가

1. 마을자치는 누가 하나

인천시 가좌2동 주민 자치위원회 위원장 정을순 씨는 주민 자치위원회 일을 하기 전 까지는 주민자치는 주민자치센터에서 문화프로그램을 이용하는 일인 줄로만 알았다. 그리고 주민자치위원회는 문화센터 운영을 위한 회의에 참석하여 한 마디 하는 나이 많은 남자 중심의 지역 유지들의 모임인 줄 알았다. 처음에 주민자치위원을 같이 시작한 동료 주민들도 마찬가지였다. 사람들과 어울리는 것이 좋아서, 문화프로그램을 수강하러 왔다가 인연이 닿아 위원회 활동을 시작하게 된 사람들이 대부분이었다. 그러나 주민자치 일을 하면서 주민자치위원이 하는 일은 실로 엄청난 것이란 것을 깨닫게 되었다.

인천시 가좌2동은 인구 2만 3천명 정도에 80% 정도가 아파트로 이루어진 동네다. 겉보기에는 여느 도시의 아파트 밀집 지역과 다름 없지만 다른 도시 지역에서 찾아보기 어려운 주민 네트워크가 살아 숨쉬고 있다. 이곳에는 주민자치위원회가 주도하여 설립, 운영 중인 '푸른샘 도서관', 청소년 인문학 도서관인 '느루'가 있으며 가좌 재래시장을 포함한 10개의 주민 직능단체가 네트워크로 연결되어 있다. 참여예산위원회를 통해 주민들이 실질적으로 동 예산 수립에 참여하기도 한다.

가좌 2동의 주민자치위원은 27명으로 문화사회분과, 체육분과, 기획분과, 복지분과 등 4개의 분과를 두고 있다. 주민자치센터를 운영하는 것 외에 복지분과는 매달 한 번씩 음식을 만들어 스무 가정에 전해 주고 있으며 푸른샘 어린이도서관과 인문학도서관을 운영하고 있는 점이 특징이다. 어느덧 주민 자치가 잘되는 동네로 소문이 나서 타 지역에서 벤치마킹을 오는 일도 많다. 가좌2동은 "더디 가더라도 천천히, 주민과 함께 의견을 나누면서 지속하는 마을"을 목표로 '무엇보다도 사람', '더디 가자', '결과보다는 과정에 집중하자'를 3대 활동주민 자치 원칙으로 삼고 있다. 결국 마을 일도 사람과 사람이 만나서 하는 일이고 사람이 행복하자고 하는 일이기 때문이다.

가좌 2동의 주민들은 10년 단위로 주민 자치의 의제를 정했다. 2005년부터 2014년까지 1기 마을의제를 진행했고, 2015년에는 2024년까지의 마을 의제를 새로 선정했다. 1기 마을의제(2005~2014)는 1)문화와 예술이 숨 쉬는 마을, 2)어려운 이웃과 소통하는 마을, 3)나무와 풀, 사람이 어우러지는 마을, 4)주민토론의 광장이 있는 마을, 5)평생교육이 가능한 마을, 6)

어린이 체험학습이 지속적인 마을, 7)재래시장을 보호 육성하는 마을이었다. 이것도 몇 명의 주민이 모여서 정한 것이 아니고 강의, 주민토론회, 워크숍, 견학 등의 의견 수렴 및 연구 과정을 거쳐 얻어낸 공동 노력의 산물이었다.

주민자치위원들은 처음에는 '왜 군이 이렇게까지 해야 하는가, 그냥 자치위원들이나 대표들끼리 머리를 맞대어 가며 일할 거리를 구상하면 안 되나' 라는 생각이었다. 그런데 참여한 주민들이 "아무것도 모르고 나왔는데 의제를 만드는 과정에서 많이 배웠다.", "주민자치위원회가 무슨 일을 하는지 알게 되었다.", "마을의 계획을 내가 세울 수 있어서 보람 있었다.", "주민자치위원은 아니지만 앞으로 동네 일이 있으면 도와주겠다."고 말하는 것을 듣고서 마을자치의 참 의미를 깨닫게 되었다.

제2기 마을의제는 새로운 6개 의제와 기존의 3개 의제로 정해졌다. 1) 주민토론의 광장이 있는 마을, 2) 나무와 풀 사람이 어우러지는 마을, 3) 재래시장을 보호 육성하는 마을에 더하여 4) 어르신들의 건강과 즐거움이 있는 마을, 5) 엄마들이 함께 아이를 키우는 좋은 마을, 6) 마을 테마를 지속적으로 만드는 마을, 7) 이웃 어른들과 아이가 어울리는 안전한 마을, 8) 꿈꾸는 도서관이 있는 마을, 9) 마을 사람들이 어울려 즐기는 마을이 그것이다.

정을순 씨가 하는 일은 이미 주민 자치의 선을 넘어 마을자치 단계에 진입한 것이다. 주민자치센터는 1999년부터 도입되었다. 기존의 읍면동 사무소에 주민의 여가활동과 자치활동을 지원하는 공간을 설치한 것이다. 2016년 1월 기준으로 전국 2,816 곳의 읍면동 사무소가 주민자치센터로 전환되었다. 주민자치위원회는 보통 자치회관 설치 및 운영조례에 의해 설치되는데 주된 기능은 자치회관의 운영에 관한 제반 사항을 의결, 심의하는 것으로 되어 있다. 공식적인 역할은 동장의 자문기구로 주민자치센터 운영에 대한 조언 등을 수행하며 독립된 의결권이나 집행권을 가진 것은 아니다.

그러나 인천 가좌 2동의 주민자치위원회에서 보듯이 주민자치위원회는 실질적으로 각계 주민의 대표들로 구성되어 자치위원들이 하기 나름에 따라 주민의 복지 향상과 공동체 발전을 위해서 매우 폭넓은 마을자치 사업들을 할 수 있다. 마을에 도서관, 어린이집도 만들고 일하는 엄마들을 위한 공동 반찬 공장도 만들고 마을길 산책로도 조성하고 취미별로 주민 동호회도 만들고 지원하는 등 우리가 살아가는 데 정작 요긴하기는 하지만 공무원들이 해 주지 못하는 것들 주민들은 할 수 있는 것이다.

마을자치는 당연히 주민이 하는 것이다. 그러나 마을자치의 조직과 체계가 전혀 갖추어지지 않은 지금은 누군가 나서서 마을자치를 주도해야 한다. 그리고 시청, 군청, 구청과 같은 행정 기관은 마을자치를 촉진하고 지원해야 한다. 그러므로 마을자치를 주도할 사람은 주민의 입장에서 일을 추진하면서 행정기관의 지원과 협력을 이끌어 낼 수 있는 주민자치위원이 적임자다. 개인에 따라서 이장이나 통장도 마을자치의 리더를 하지 못한다는 것은 아니지만 아무래도 그동안 이장, 통장은 행정의 보조자 성격이 강하여 주민이 주체가 되어야 하는 마을자치에는 성격이 맞지 않는 점이 있다.

그리고 지역에는 이미 많은 주민 조직이나 모임이 존재하고 있다. 농촌에는 새마을운동지도자협의회, 청년회, 부녀회, 작목반, 이장협의회, 대동계 등이 있고 도시에는 아파트 입주자대표회의, 방범대, 그리고 각종 비공식적 주민 모임들이 있다. 지역의 문제점을 인식하고 이를 개선하기 위해 누군가 나서서 이러한 조직과 모임들을 연결하고 공동으로 해결책을 모색하기 시작한다면 그 성공 여부와는 관계없이 이미 마을자치는 시작된 것이다. 물론 마을자치는 지역의 생활 문제 해결을 목표로 하는 것이지만 그보다 더 중요한 것은 주민들이 문제 해결을 위해 스스로 협력한다는 것이기 때문이다.

아무 조직이나 모임에 속해 있지 않은 사람도 얼마든지 마을자치를 시작할 수 있다. 서울시를 비롯한 여러 지자체에서는 마음이 맞는 사람들이 모여 공동체 사업을 하겠다고 신청하면 지원을 해준다. 이를 테면 당신이 혼자를 애를 보다 지친 엄마나 아빠라면 비슷한 처지에 있는 엄마 아빠들과 공동 육아 사업을 할 수 있다, 공동 육아라고 해서 별 것도 아니다. 아이들이 두세 살 수준이라면 적당한 넓은 마당을 구해서 고무 풀을 놓고 아이들을 물장구 치게 하면 된다. 엄마 아빠들은 그늘에서 아이들을 지켜보면서 수박을 잘라 먹으며 이야기 꽃을 피우면 된다. 단 주의할 것은 마을자치의 정신에 입각하여 자기 자랑하거나 남을 폄하하는 말은 하지 말고 공동체 구성원으로 타인을 배려하고 존중하는 마음을 가져야 한다. 아이들이 네 살이 넘었다면 품앗이로 돌아가면서 농촌 등지로 체험 활동을 보내도 된다. 초등학교에 갈 수준이라면 공동으로 방과 후 교실을 할 수 도 있다. 서울의 경우 공동육아 사업이 전체 마을공동체 사업 중 가장 비중이 크다고 한다. 이것이 더 발전하면 공동체 주택, 혹은 부모협동조합 어린이집으로 나아가기도 한다.

혼자 밥 먹는데 지친 대학생이나 싱글 직장인이라면 열 명 정도 모아서 같이 반찬을 만들어 먹는 '공동식탁'이나 '공동부엌'을 해보면 좋을 것이다. 대학가를 끼고 있는 서울 마포구나 성북구, 관악구 등에서 찾아볼 수 있으며 구청에서 지원을 해주는 경우도 있다. 중장년이라면 악기 동호회, 체육 동호회, 마을 역사 기록단 등의 활동을 통해 마을자치를 시작할 수 있다.

마을자치에 뜻을 두고 해보려 하니 적극적으로 동조해주는 사람이 없어 막막하다면 아직 시작도 안한 것이라 생각하고 이제부터 사람들을 만나면서 이야기를 나누어 보면 된다. 마을자치 활동가 사이에 '마을 만들기에 미친 주민 한 명과 역시 미친 공무원 한 명이 있으면 마을 만들기는 성공한다'는 말이 있다. 이 말을 뒤집어 보면 마을자치에 처음부터 대다수 주민의 참여를 기대하지는 말라는 이야기다. 물론 주민을 참여시켜야 한다는 원칙과 실제로 참여시키기 위한 노력은 반드시 있어야 한다. 다만, 처음부터 내 일처럼 적극적으로 마을 만들기 일을 해 줄 사람을 한 명이라도 얻는 것은 거의 불가능에 가깝다는 것을 알고 시작해야 한다는 뜻이다.

누군가 마을자치를 열심히 하겠다고 나서면 대체로 주민들 반응은 미적지근하다. 일단 돈이 생기는 일도 아닌데다 마을자치가 무엇인지 이해도 잘 안고 거기다가 자기 시간과 노력을 무상으로 투입해야 하는 일이기 때문이다. 마을자치의 효과를 피부로 직접 느끼기 까지는 내 일처럼 적극적으로 나서서 도와주는 주민은 거의 없다고 보면 된다. 그러므로 보통 처음에는 마을자치의 이상을 품은 활동가 한 명의 헌신과 노력으로 시작하는 것이 보통이다.

또 한 가지 사람들을 겁먹게 만드는 것은 주민자치위원이 가져야 할 품성을 성인군자 수준으로 열거해 놓은 책들이다.

일부 주민 자치에 관한 책들을 보면 주민자치위원이 가져야 할 품성과 자세를 봉사심, 적극적 참여의식, 개혁의식, 포용력, 기획력, 창의력 등 상당히 부담스러운 요소들을 열거하고 있다. 그러나 이러한 소양을 한 사람이 모두 가지기란 어려운 노릇이다. 필자는 주민자치위원은 마을에 대한 순수한 봉사심과 함께 잘 살고자 하는 적극성만 있으면 된다고 생각한다. 나머지 부족한 것은 순간순간 자기 성찰과 주변의 도움으로 해 나갈 수 있을 것이다. 독단적인 성격이 문제가 될 경우도 있지만 경우에 따라서는 과단성이라는 장점이 되기도 하고 진심으로 공동체를 위한다는 마음만 있다면 주민의 의견도 존중하는 마음이 생길 것이다.

2. 마을자치는 대화로 시작된다

마을자치는 그 사업 내용에 따라 난이도가 다를 수 있을지언정 처음에 시작하기는 전혀 어렵지 않다. 동네 부녀들이 모여서 그냥 시간을 때우기 위해서 잡담을 하는 경우가 있다. 이것은 마을자치는 아니지만 마을자치의 훌륭한 토대가 될 수 있다. 자치 이전에 반드시 필요한 주민 간의 관계가 형성된 것이다. 이러한 이웃 모임이 공동의 관심사를 기반으로 공동의 지향점을 가지고 공동의 활동을 시작하는 순간 마을자치가 시작되는 것이다.

마을자치가 시작되기 위해서 필요한 것은 우선 주민들이 자주 서로 만나서 대화를 해야 한다는 것이다. 농촌에는 마을 회관, 정자 등에서 주민들이 만나서 이야기 할 기회가 있다. 그럼에도 농촌에서 마을자치의 움직임 거의 없는 것은 고령화로 주도할 사람이 없기 때문이다. 반면에 도시에서는 주민들이 시간이 있다고 하더라도 서로 자주 만날 수 있는 공간이 없는 것이 현실이다. 서울의 아파트 촌 주변까지 우후죽순으로 생겨난 커피숍들이 바로 그 공간의 부족을 메우고 있는지도 모른다.

이런 면에서 주민자치센터는 마을자치를 시작하기에 매우 훌륭한 공간이다. 자치센터에 주기적으로 모이는 주민자치위원들 간에는 이미 어느 정도 관계가 형성되어 있으니 공동의 관심사를 확인하는 다음 단계로 나아갈 수 있다. 주민자치센터와 주민자치위원회의 주 기능은 자치센터의 문화프로그램을 운영하는 일이지만 이에만 머무르면 아까운 마을자치의 잠재력을 낭비하는 일이 되니 주민자치위원들끼리 두 가지 방향으로 대화를 나누면서 마을자치를 위해 할 일을 모색해 볼 수 있다.

첫째는 주민자치위원들끼리 지역 동네를 그냥 여기 저기 돌아보는 것이다. 다니다 보면 위원들 사이에서 온갖 말들이 쏟아지기 마련이다. '여기는 담장이 무너지기 쉽겠는데', '겨울에 눈이 오면 걸어다니기 힘들겠는데', '이 골목은 너무 어두운데' 등등. 이렇게 파악된 지역의 문제점들은 그 성격에 따라 관청에 조치해 줄 것을 요구할 수도 주민 스스로의 해결책을 모색할 수도 있다. 동시에 지역에 필요한 것들에 대한 의견들을 모아 보아도 된다. 주민들이 언제든지 들러 이야기를 나눌 수 있는 커피숍이 필요할 수 있고 작은 도서관이 필요할 수도 있다. 아이들 공부방이 부족할 수도 있다.

그 다음에 곧장 착수할 수 있는 일로 지역의 자원을 조사해 보는 것이다. 주민들이 스스로 무엇을 할 수 있을지는 주민들이 무엇을 가지고 있는지를 제대로 알기 전에는 알 수 없는 것이다. 그러므로 지역에 무상, 유상으로 가용한 자원이 무엇이 있는지를 자치위원들이 팀을 나누어 조사해 보는 것이다. 도시 지역의 경우 가장 중요한 자원은 사람, 즉 인적 자원이다. 자치위원들의 인맥과 정보를 총 동원하여 지역의 주민들이 가지고 있는 전문적 능력들을 목록으로 만들어 본다. 초등학교 아이들을 가르칠 수 있는 능력부터 색소폰을 연주하는 능력, 탁구를 잘치는 능력에 인문학에 조예가 깊은 능력 등 가치가 있다고 여겨지는 모든 인적 자원을 기록한다. 토지, 건물, 특산물, 관광지, 기타 공공 시설과 같은 물적 자원도 기록한다. 지역 축제도 무형 자원이다. 도시의 경우는 인적 자원이 많은 반면 물적 자원을 찾아보기 어렵고 농촌의 경우에는 물적 자원은 있는 반면 대부분 고령화된 주민 속에서 인적 자원을 발굴하기 어렵다. 농촌에서는 인적 자원을 작은 마을로 한정하지 말고 최소 면 단위로 넓혀야 그나마 가용한 인적 자원을 확보할 수 있다. 결국 농촌에서는 마을자치의 범위를 최소 면 수준으로는 넓혀야 함을 의미한다.

지금까지 농촌 마을을 살리기 위해 정부의 각 부처에서 경쟁적으로 농촌 마을 단위로 돈을 퍼부었지만 대부분 성공하지 못한 이유 중의 하나는 마을의 범위를 자연 부락 중심이나 리 중심으로 지나치게 좁게 잡은 탓도 있다고 본다. 실제로 농촌에 가보면 100호 정도의 자연 부락이나 법정리 정도의 규모에서는 지속적으로 마을 사업을 할 만한 인적 자원이 확보되기 어렵다. 기껏해야 사명감이 넘치는 한 명 정도의 리더가 고군분투하고 있을 뿐이다. 그 리더마저 개인 사정으로 활동을 중단하게 되면 마을 개발 사업은 장기간 중단되는 것이 현실이다.

지역의 부족한 것, 필요한 것, 지역 자원의 조사를 다 해 보아도 적당한 사업이 떠오르지 않는다면 시청의 마을만들기 지원센터를 찾아가서 지역의 현황을 이야기하고 상담을 요청하면 된다. 지원 센터의 담당자는 많은 마을자치 사업 중에서 지역의 사정에 알맞으면서도 성공할 가능성이 높은 사업을 알려 줄 것이다. 그러면 이미 그 사업으로 성과를 내고 있는 마을을 찾아가 보고 조언을 들으면 된다.

마을자치사업으로는 다음과 같은 것들이 있다.

- 문화 사업 : 마을 축제, 마을 도서관, 마을 신문, 마을 미
  디어, 마을 박물관, 마을 갤러리, 마을 극장
- 복지교육사업 : 공동 육아, 대안 학교, 방과후학교, 공동
  공부방, 공동 부엌, 공동 식탁
- 동호회 사업 : 기타교실, 마을밴드, 연극 동아리, 인문학
  강좌, 등산회
- 커뮤니티 사업 : 지역카페, 커뮤니티 센터
- 경제 사업 : 마을 빵집, 마을 목공방, 마을 반찬 공장, 공
  동 구매, 유기농 생협 등

공동체의 힘과 장점은 오직 관계에서 나온다. 공동체 구성
원 간의 관계가 좋으면 구성원의 행복도가 올라가는 것은 물
론 공동체의 역량이 커진다. 역량이 커지면 주민들에게 도움
이 되는 복지사업, 소득사업 등 무엇이든 시도해 볼 수 있다.
이런 면에서 주민간 관계 회복은 마을자치의 목적이기도 하고
수단이기도 하다. 그렇지만 우선은 주민 자치는 무엇을 하기
위한 수단이기 보다 목적이 되어야 한다. 왜냐하면 관계를 수
단화 하면 관계 자체가 손상될 위험이 크기 때문이다.
　주민 자치 사업의 꽃이라 불리는 마을 기업도 마찬가지다.
주민 자치가 마을 기업을 만들어 돈벌이를 하는 것에 집착해
서는 안 된다. 주민들이 공동으로 사업을 하여 돈을 벌면 좋

겠지만 진짜 목적은 산업화, 도시화 속에서 끊어진 사람간의 관계를 회복하는 것이다. 마을 기업도 사실은 관계 회복을 위해 주민들이 같이 모이고 대화하고 같이 일할 수 있는 기회와 공간을 제공한다는 의미가 더 크다.

3. 생활공동체 이렇게 성장한다

울산직할시 울주군의 H 아파트는 1800가구의 대규모 아파트 단지임에도 도서관이 없었다. 제일 가까운 도서관은 차량으로 30분을 가야 했다. 입주 가구의 절반이 초등학교 이하의 아이들을 두고 있음에도 주민들은 울산 도심에서 30 킬로미터 떨어진 외진 곳이라 것이라 그러려니 하고 불편을 감수하고 7년을 그냥 살았다. 그러다 2014년 초 울주군 생활협동조합의 마을 모임에서 만난 입주민 아이 엄마들이 수다 끝에 우리 아파트에도 작은 도서관을 만들어 보자는 데 의견을 모았다.

엄마들은 즉각 생협 조합원과 도서관에 관심있는 입주민 12명으로 도서관 준비팀을 구성하여 활동을 시작했다. 군청에 전화해보니 '작은도서관 지원조례'와 '공동주택 지원조례'가 제정되어 있어 도서관을 만들 공간만 마련하면 군에서 리모델링 비용과 도서 및 집기 구입을 지원할 수 있다는 답변이 돌아왔다. 군청의 긍정적 답변에 사기가 충천해서 엄마들은 관리소장과 입주자대표를 만나 '공간'을 할애해 줄 것을 요청했다.

그러나 아파트 측의 답변은 냉담했다. 공간도 없을 뿐더러 도서관 운영비도 문제라는 것이었다. 문제는 고령자 중심으로 구성된 입주자 대표들이 어린 아이들을 둔 엄마들의 절실한 요구를 이해 못하는데 있었다. 입주자대표회의에 참석하여 동 대표들에게 설명을 해도 반응은 마찬가지였다.

엄마들은 도서관 설립을 목표로 여러 가지 사업을 기획하고 개최하기 시작했다. 어린이 벼룩시장, 쌍용 책잔치, 월례 기획 강좌, 마을 영화제를 개최하고 도서관 설치를 위한 주민 서명도 받았다. 젊은 엄마들의 추진력으로 아파트에 행사가 개최되고 주민들의 참여율이 높자 동 대표들의 인식도 긍정적으로 선회하여 처음 도서관 이야기가 나온 지 반년 만에 입주자 대표회의에서 도서관 설립 안건이 통과되었다. 도서관 공간은 아파트 관리소 3층 경로당 공간의 일부를 양보하여 사용하기로 결정하였다.

이 과정에서 엄마들은 군의원을 접촉하여 의원이 입주자 대표에게 전화를 하도록 하기도 하였으며 공사 중에 창문 설치를 못해 주겠다는 울주군청 공무원에게도 의원이 전화하도록 하는 등 그야말로 생활 정치까지 실천해 보는 경험을 얻었다. 도서관은 울주군의 예산 배정과 리모델링 공사를 거쳐 1년 뒤인 2015년말에 문을 열었다. 엄마들은 이제 마을자치에 자신과 재미가 붙어 다음에는 마을 카페를 만들어 볼 것도 생각하고 있다.

위 사례는 마을자치를 통해 생활 공동체가 커가는 모습을 보여준다. 우선 생활협동조합이라는 소통의 장이 있었던 것이 젊은 엄마들의 생활상의 관심사를 도서관으로 모으는 계기가 되었다. 그리고 엄마들은 '도서관 준비팀'이라는 주민 조직을 만들었다. 팀내에 홍보팀, 조직팀, 운영팀으로 역할 분담 체계도 만들었으며 단체 카톡방을 만들어 의견을 교환했다. 도서관 설립이 아파트 측의 반대에 부딪히자 엄마들은 각종 행사를 기획, 개최하면서 업무 추진 역량과 상호 신뢰를 키워 나갔으며 군 의원과 네트워킹도 추진했다. 그리고 도서관의 리모델링 공사에도 깊이 관여하면서 행정 예산의 배정, 시설 공사 등에 관한 절차와 노하우도 익힐 수 있었다. 이들 경험과 지식들을 가지고 엄마들은 이제 마을 카페든 무엇이든 시도할 수 있을 것이며 그럴수록 H 아파트 주민들의 공동체 역량은 계속 성장할 것이다.

요즈음 도시의 아파트에서는 베란다에 화분이나 상자 텃밭을 이용하여 상추나 토마토 등 작물을 키우는 이른바 '도시 농부'들을 심심치 않게 볼 수 있다. 아파트에 사는 A 씨는 이웃집의 베란다에서 싱싱하게 잘 크는 상추가 부러워 자기도 상자텃밭을 사다가 시도해보기로 했다. 그러나 막상 상추를 심고 키우려 하니 종자도 물주는 법도 몰라서 평소 인사도 안하고 지내던 이웃집 B 씨에게 가서 인사를 트고 상추 키우는 법을 물어보았다. B 씨는 친절하게 이것 저것 가르쳐 주었고 자신이 베란다에서 키운 상추도 먹어보라고 나누어 주기까지 했다. 그 뒤부터는 아파트 단지 내에서 B 씨를 만나게 되면 서로 상추의 안부를 물어보며 이런 저런 대화를 나누게 되었다. A 씨는 정성껏 키운 상추를 수확하자 먼저 B 씨 가족을 초대하여 삼겹살을 대접했다. 나중에 답례로 B 씨가 A 씨 가족을 초대하여 삼겹살을 대접하면서 이제는 가족끼리도 친해지게 되었다.

이런 식으로 도시 농부들이 늘어나면 다른 아파트의 도시 농부까지도 참여하여 서로의 작물을 사고파는 마을 장터를 열 수 있다. 농직물만 팔기 심심하여 집에 있던 안 쓰는 장난감, 책, 안 입는 옷들도 가고 나와 팔아보면 의외로 사람들의 관심을 더 끌 수도 있다. 마을 벼룩시장이라는 공동체 사업이 시작된 것이다. 일단 사람들이 모여서 의기투합을 하면 벼룩시장이 아니라 어디로 튈지 모른다는 것이 마을자치의 매력이다. 어쩌면 도시 농부들이 유기농으로 가꾼 농작물만을 이용한 음식과 음료를 파는 마을 카페를 만들 수도 있다. 혼자서는 못하지만 서로 즐기는 가운데 함께 학습을 한다면 못할 것이 없는 것이다.

4. 마을자치의 꽃은 마을기업이다

마을자치를 통해 생활 공동체가 무럭무럭 커가게 되면 결국 다다르는 곳은 마을 카페, 마을 공방과 같은 마을 기업이다. 마을 기업은 공동체 구성원인 주민에게 함께 만나고 일하는 기쁨에 더하여 지속적으로 경제적인 수입을 안겨준다는 점에서 마을자치의 꽃이라 할 만하다. 마을 기업에서 나오는 수입은 다른 직장처럼 단지 먹고 살기 위해서 먼 거리를 출퇴근하며 하기 싫은 노동을 참은 대가로 주어지는 것이 아니다. 집 근처에서 위계적이지 않은 분위기에서 자발적으로 내가 하고 싶은 일을 하는 대가로 주어지는 것이므로 비록 액수가 작을 수는 있어도 그 의미와 가치는 각별하다고 할 수 있다. 설악산 백담마을의 사례를 보면 더욱 그렇다.

설악산 백담산 아래에 위치해 백담마을이라 불리는 강원도 인제군 용대2리는 산간 지역으로 눈이 많이 온다. 눈이 오면 주민들은 각자 트랙터를 끌고 나와 눈을 치운다. 다른 마을과 다른 점은 하지만 용대 2리에서는 눈을 치우는 주민들에게 기름값과 일당을 준다. 이런 신기한 일이 가능한 이유는 알찬 마을기업을 운영한 덕이다.

백담마을에는 1996년 시작한 용대향토기업과 2011년 설립된 백담마을기업의 2개 마을기업이 있다, 용대향토기업은 용대리와 백담사간 7km 백담계곡 길에 버스를 운영한다. 처음엔 버스 1대로 시작하였지만 지금은 10대나 보유하고 있는 어엿한 중소기업으로 자랐다. 휴일, 평일, 성수기, 비성수기 가리릴 것 없이 버스는 편도 2400원을 지불한 승객들로 만원이다. 연평균 매출액은 17억원 이상. 197 가구의 마을에서 운영하는 기업치고는 매출 규모가 상당히 큰 편이다. 이 버스 회사를 운영하면서 마을에는 윤기가 돌기 시작했다.

주민들은 추석, 설 등 명절에 배당금 형식으로 20만~30만 원씩 받는 것은 물론 자녀가 외지에 나가서 공부하면 장학금도 받는다. 영세한 노인들에게는 김매기, 청소하기, 화단가꾸기 등의 마을 일거리를 주고 일당을 준다. 이웃들과 이야기하며 즐겁게 일하다 보면 월 100만원 정도는 일당으로 받는다. 별달리 돈 쓸데가 없는 시골 노인들에게는 이만한 돈벌이가 없다.

용대2리의 다른 마을 기업 백담마을기업은 황태포·통황태·황태채 등 황태 가공품과 마가목 열매·효소 등을 판매하는 특산물 판매장이다. 연간 매출액이 4억원이 넘어 역시 만만찮은 이익을 내고 있다.

백담마을은 마을기업을 통해 활기를 되찾고 있다. 주민들의 단합이 잘 되는 것은 물론 마을기업에서 일자리가 생기자 젊은 층들이 돌아와 마을에 정착하고 있다. 용대향토기업만 해도 운전기사 12명, 검표와 개표 직원 3명, 사무실 직원이 3명 등 총 18명의 마을 주민 일자리를 창출했다. 이들 중 상당수는 이 마을 출신으로 도시에서 살다가 귀향한 젊은 층이다. 18명 직원의 급여는 모두 월 200만원을 넘어선다.

마을 기업의 이익금의 상당 부분은 마을발전기금으로 출연되어 다른 주민의 일자리를 창출하고 있다. 마을 전체를 위해 일하는 상근자 5명에게 급여를 주기 시작한 것이다. 이장, 정보화마을 사무장, 체험 사무장, 도서관 사서, 미술교사가 그들이다. 살림과 인심이 넉넉해지면서, 백담마을의 인구가 느는 것은 당연하다. 그것도 요즈음 찾아보기 어려운 젊은 부부와 아이들 위주로 늘었다는 것이 놀라운 일이다. 유치원생과 초등학생만 80여명이고, 중고생까지 합치면 120명에 이른다. 어린이집에도 40명의 아이들이 다닌다. 이 모든 것이 마을 회관에서는 제공하는 수준 높은 방과후 프로그램 덕분이다.

백담마을의 사례는 잘 만든 마을 기업 하나가 마을 전체 주민에게 얼마나 큰 삶의 즐거움과 희망을 줄 수 있는 지를 보여준다. 마을 기업은 주민들이 출자하여 마을의 인적·물적 자원을 활용하여 수익을 내는 기업이다. 일반 기업처럼 단순히 수익만 추구한다면 마을 기업이 아니다. 수익 말고도 마을 기업은 주민들에게 일자리를 제공하고, 지역경제에 기여하며 지역공동체를 활성화하는 것과 같은 사회적 가치를 추구한다.

그렇다고 마을 기업을 만만하게 보아서는 안된다. 마을 기업도 엄연한 기업이므로 경쟁력이 없으면, 관리 기술이 없으면, 필요한 자원이 없으면 도태될 수 밖에 없다. 정부 지원금에 일시적으로 눈이 멀어 사업계획서를 보기 좋게 작성하여 덜컥 사업을 시작하였다가 판로가 없거나 운영할 사람이 없거나 마을 주민의 협조가 없어 중도에 그만 두는 사례가 비일비재하다.

마을 기업이 망하지 않는 비결은 철저히 마을에 뿌리를 내리는 것이다. 마을은 그 동안 정부의 지원 없이도 그럭 저럭 살아 왔다. 마을은 쇠퇴하기는 해도 사람이 살고 있는 한 망하지는 않는다. 마을 기업은 이 마을의 생명력 위에 의존하여 운영하는 것이다. 그래야 경쟁력이 있고 보람도 있고 지치지 않으며 망하지 않는다. 마을에 뿌리 내린 마을 기업은 설사 망해도 괜찮다. 마을 공동체가 함께 일한 경험이라는 소중한 자산이 남아 있으므로 마을의 인적, 물적 자원을 활용하여 무엇이든 해 볼 수 있기 때문이다.

직장을 구하는 데 좌절한 많은 젊은이들이 창업에 도전하고 있다. 하지만 창업의 가장 어려운 점은 초기에 창업 자본이 든다는 것이다. 그러나 마을 기업은 창업 자본이 거의 들지 않는다. 창업에 필요한 자본들은 대부분 마을을 통해서 조달되기 때문이다. 마을 주민이 당분간 무상으로 노동을 제공하고 영업장은 마을 회관 등을 사용하고 반드시 필요한 경우에는 주민이 십시일반 출자하고 정부의 지원을 받으면 된다.

결국 마을 기업을 창업하는 데 가장 필수적인 자본은 결국 사회적 자본이다. 마을 주민간에 믿고 헌신하고 봉사하는 자세이다. 이러한 사회적 자본은 그냥 쌓이는 게 아니다. 리더의 헌신과 봉사에 주민들이 감동하고 설득 당할 때 비로소 나오는 것이다. 그러므로 마을 기업은 열정과 봉사 정신을 가진 사람이 자본 없이도 창업할 수 없는 가장 보람 있는 사업이다.

4장 답은 우리 지역 안에 있다

1. 마을자치의 명과 암

마을자치의 대원칙은 우리 지역의 자원과 잠재력을 최대한 활용하고 끌어내는 것이라는 것을 잊으면 안된다. 우리 마을에는 사람도 없고 특산물도 없고 볼거리도 없기 때문에 정부의 지원을 받아야 한다고 생각하는 순간 마을자치는 실패다. 마을자치는 '지금' '여기서' '이웃들과' 하는 것이지 공무원들과 시청이나 군청에서 하는 것이 아니다.

많은 주민자치위원들이 마을의 잠재력을 찾아내고 창조하는 데 어려움을 겪는 것은 눈에 뛰는 장점에만 기대려 하기 때문이다. 지역에 특산물과 같은 장점이 있다면 그건 누구나 발견했을 것이며 활용을 시도했을 것이다. 그러나 문제는 대부분의 지역이 눈에 띄는 이렇다 할 장점이 없다는 것이다. 그러나 지역은 각기 고유한 특성이 있다. 그러므로 누구나 활용할 수 있는 장점을 보지 말고 장점이 될 수 있는 지역의 특성을 보아야 한다. 창의성을 발휘하면 지역의 특성을 장점으로 만들 수 있다. 다음 사례들은 모두 지역 자산의 특성에 창의

성을 불어 넣어 장점으로 만든 경우들이다.

일본 호쿠토시 마스토미 마을은 주민들이 마을을 떠나면서 버리고 간 폐논(휴경논)이 마을 논의 60% 까지나 되어 마을 전체가 폐허가 될 위기에 놓였으나 도시 사람들을 대상으로 휴경논을 개간할 자원 봉사를 공모하여 히트를 쳤다. 그리고 기업과 휴경논 개간을 연결하여 기업 직원이 농업 체험을 하며 개간을 하고 농작물을 심으면 마을에서 이를 재배, 수확하여 기업에게 원료로 납품하는 시스템을 만들었다.

강원도 평창군 대관령면 의야지 마을은 주로 해발 800미터에 위치해 있어 겨울이면 퍼붓는 눈으로 1년에 거의 6개월은 아무 것도 할 수 없는 곳이었다. 그러나 이 마을 청년회는 고랭지 배추밭을 겨울에는 눈썰매장으로 전환하여 연간 10만명 이상의 국내외 관광객이 방문하고 7억원 이상의 매출을 올리고 있다.

경북 봉화군은 한 때 전국에서 땅값이 가장 쌀 정도로 오지 중의 오지였다. 그러나 도시인들은 농토 가격이 저렴한 지역을 귀농지로 찾고 있었다. 봉화 한누리 마을은 이에 착안하여 귀농학교를 설립하여 교육 및 숙박 사업으로 수익을 올리는 한편 귀농인도 유치하는 성과를 거두고 있다.

충북 영동군 학산면 도덕리는 표고버섯을 주로 재배하던 마을로 버섯 재배 뒤에 여기 저기 버려진 참나무 폐목더미들의 처리가 골칫거리였다. 그러나 참나무 폐목에서 자라는 굼벵이가 약재로 사용되는 것에 착안하여 주민들은 굼벵이를 양식하여 1마리에 600원 가량에 팔고 있다. 18가구의 주민이 굼벵이로 올리는 수입은 연간 1억 2000만원에 이른다.

정부의 지원금을 받은 농촌마을 소득사업이 실패하는 이유의 구십구퍼센트는 마을의 자원과 잠재력에서 출발하지 않고 정부 등 외부의 지원에서 출발하기 때문이다. 현재 문을 닫아 걸고 있는 체험마을들은 상품들이 공장에서 만들어 낸 것처럼 획일화 되어 있다는 공통점을 가지고 있다. 마을의 자원과 잠재력을 어떻게 활용할 것인가라는 고민이 결여되어 있다. 그러다 보니 떡메치기, 엿가락 만들기 등 천편 일률적 체험 메뉴 밖에 없다. 결국 체험마을은 옆 동네의 체험 마을과 시골 밥상은 옆 동네의 식당과 경쟁하게 되어 모두가 실패하게 된다.

경상북도의 한 농촌 마을에 사는 이장 김영주(가명)씨는 요즈음 한숨밖에 안 나온다. 원주민 30가구, 귀농인 10 가구, 도합 40 가구가 오손도손 잘 살아오던 마을이 어쩌다 이렇게 되었는지 생각만 해도 울화가 치민다. 도시에서 직장을 다니다가 7 년 전에 이 마을로 귀농한 이 씨는 다시 도시로 돌아갈 것 까지도 고민하고 있다.

돌이켜보면 5년 전 정부의 농촌마을개발사업 지원 대상으로 선정돼서 40억원이라는 뭉칫돈을 덜컥 받은 것이 화근이었다. 5년 전 어느 날 역시 귀농인으로 이웃에 살면서 서로 말을 트고 지내던 장 씨가 서류 하나를 들고 찾아왔다. 장 씨의 말인즉슨 농업축산식품부에서 공모하는 농촌마을 종합개발 사업에 선정되면 60억원의 사업비를 타내서 마을 회관, 경로당, 공동 작업장과 같은 필요한 시설을 공짜로 지을 수 있다고 하면서 사업추진 동의서에 서명해 달라는 것이었다. 정부 돈으로 마을에 시설을 지어주겠다는데 마다할 필요할 있겠느냐는 생각에 선뜻 도장을 찍어주었고 다른 주민들도 마찬가지였다.

장 씨는 언제부턴가 주민추진위원회 위원장이라는 호칭으로 불리며 어디선가 데려 온 대학 교수라는 사람들과 마을을 돌아다니며 부지런히 사업계획을 작성하더니 급기야 60억원의 지원금을 타내고야 말았다. 60억원 중의 80%는 숙박시설이 포함된 도농체험관, 된장 가공공장, 주민 복지회관, 팜스테이 하우스 등을 짓는데 소요되었다. 정확히 말하면 주민들이 요청하면 군청에서 60억의 지원금 범위 내에서 시설물을 지어 준 것이었다. 지원금을 받고 약 2년이 지나 시설들이 완공되어 군수, 면장, 그리고 지역 유지들이 몰려와 거창하게 준공식을 치르고 지역 신문과 텔레비전에도 보도되었다.

장 씨가 본색을 드러낸 것은 이 때부터였다. 장 씨는 서서히 전체 주민들보다는 자신과 인척 관계에 있는 몇몇 주민들

중심으로 주민추진위원회를 운영하기 시작했다. 위원회의 부위원장과 간사를 자신의 사촌형과 조카로 채웠다. 그리고 주민 사업을 독단적으로 운영하기 시작했다.

일부 뜻있는 주민들이 회의 도중에 공개적으로 항의하기도 했으나 그럴수록 갈등만 불거질 뿐이었다. 결국 이 씨는 장씨의 독단에 반대하는 대다수의 주민들과 함께 별도의 주민추진위원회를 만들기로 했다, 그러자 장 씨는 농식품부와 도청 등에 닥치는 대로 민원을 넣어 이 씨를 비롯한 다른 주민들이 자신을 음해하고 위원장 자리에서 쫓아내려 한다고 주장했다. 잇단 민원에 사태가 외부로 불거질 것을 우려한 군청은 시설물의 모든 열쇠를 회수하고 시설 사용을 중단시켰다. 수십억 원이 들어간 도농교류센터, 주민복지회관, 된장가공 공장은 5년이 넘도록 문이 잠긴 채 방치되어있다,

그 사이에 마을 분위기는 흉흉해져 주민끼리 마을길에서 마주쳐도 서로 인사도 하지 않게 되어버렸다. 이 씨가 무엇보다 속이 상한 것은 정부 지원 사업을 추진하다가 망가져 버린 마을 인심이다.

재물을 담을 그릇이 안되는 사람이나 마을에 정도 이상의 돈을 주는 것은 도움이라기 보다 재앙을 가져 오기 마련이다. 복권 1등 당첨자 중 많은 비율이 생각보다 더 불행하게 사는 것은 그 당첨자가 그만한 재물을 담을 그릇이 안되기 때문이다. 마찬가지로 마을 개발에서도 마을이 재물을 올바르게, 효

과적으로, 그리고 효율적으로 쓸 여건이 갖추어지지 않은 상태에서는 정부에서 아무리 많은 자금을 퍼부어도 효과는 커녕 안하니 만큼도 못하다는 것은 지난 10 여년간 농촌마을개발사업의 가장 큰 교훈이다.

전북 진안군에서 10년간 마을만들기를 진행했던 구자인 박사는 '절대 외부의 지원을 먼저 끌어 들여서는 안된다. 마을 주민의 자생력을 갖추어 지기 전에는 외부의 지원금은 오히려 마을에 독이 될 뿐이다'라고 강하게 말한다. 마을 밖을 보기 전에 먼저 마을 안을 보아야 한다는 말이다.

마을에는 다양한 성격과 재능을 가진 사람들이 살고 있다. 사람들은 자신의 재능과 능력을 함부로 이야기 하지 않기 때문에 누가 어떠한 능력을 가지고 있는지는 스스로 말하기 전에는 알 수 없다. 그러므로 서로 대화하면서 이웃의 이야기를 들어주는 것이 필요하다. 그리고 마을에는 역사와 문화가 있으며 도시에서 보지 못하는 자연 환경이 있다, 운이 좋으면 유명 관광지도 있을 수 있다. 이러한 것이 바로 마을이 가지고 있는 자산(asset)이다.

다행인 것은 이 자산을 알아차릴 사람은 마을 주민 밖에 없다는 것이다. 마을 주민들이 마을이 가진 자산을 빠짐없이 파악하게 되면 다음에는 마을 주민 전체에 도움이 되도록 이를 이용할 방법이 생각나기 마련이다. 자산이 마을에 실질적으로 도움이 되도록 하는 데에는 자금이 들어갈 수 있다. 외부의 자금 지원은 이 때 요긴하게 쓰이는 것이다.

진안군 배넘실 마을은 1990년대말 용담댐 건설로 인한 수몰을 간신히 피했지만 주민들의 농토는 대부분 물에 잠겨 마을의 장래가 어두웠던 곳이다. 그러나 마을 주민들은 용담댐 주변 부지에 홍수 우려로 농사를 지을 수 없는 2만평의 국유지가 마을 자산임을 깨달았다. 군청의 허가를 얻어 주민들은 2만평 위에 유채를 심고 해바라기를 심었다, 그리고 봄에는 유채꽃 축제, 가을에는 해바라기 축제를 개최했다, 따로 홍보하지 않아도 2만평 위에 펼쳐진 유채꽃과 해바라기꽃을 보기 위해 연간 수만명의 외지인이 차를 몰고 찾아온다. 유채 기름과 해바라기 기름을 생산하여 파는 수입도 적지 않다. 만일 마을 주민들이 수몰 지구라는 피해 의식에 사로 잡혀 정부의 보상과 지원만 기대 하였다면 다른 지역처럼 복지회관이나 도농교류센터를 지어 놓고 운영비를 감당 못해 문을 닫아 놓고 있을지도 모른다. 그러나 배넘실 마을 주민들은 정부의 지원을 받기 이전에 마을의 자산을 찾아냈고 이를 이용할 수 있는 건강한 주민 조직을 키워 놓았던 것이다.

2. 물이 반 밖에 없다. 반이나 있다

물이 반이 들어 있는 컵의 비유는 대부분 알고 있는 것이지만 마을자치의 핵심 개념을 말하고 있다. 컵에 물에 반이 차 있을 때 긍정적 마인드의 소유자는 '물이 반이나 있다'라고 인식하지만 부정적 마인드를 가진 사람은 '물이 반 밖에 없다'라고 한다. 공동체 개발을 하는 사람 중에서도 어떤 사람은 '우리 지역에는 가진 것이 없다' 라고 한탄하면서 외부에 손을 벌리고, 다른 어떤 사람은 '우리 지역에는 이러 이러한 사람과 저러 저러한 시설이 있어 잘 활용할 방법을 찾는 것이 문제다'라고 생각하는 사람이 있을 수 있다. 지역이 부족한 것에 초점을 맞추어 외부의 지원을 끌어와서 지역을 발전시키려고 하는 태도를 '필요중심주의'라 하고, 반면에 지역이 가진 것에 초점을 두고 이의 활용을 통해 공동체 개발을 추진하는 태도를 '자산중심주의'라고 한다. 마을자치의 기본 태도는 단연코 자산중심주의에 기초하여야 한다.

지금까지 정부나 대부분의 전문가들이 지역 개발에 접근한 방식은 '그 지역에 무엇이 필요한가'에 초점을 맞추는 방식이었다. 즉, 해당 지역은 무엇이 부족하며 따라서 정부는 그 지역에 무엇을 해주어야 하는가를 분석하는 것이 일의 출발점이었다는 이야기다. 학교가 없으니 학교를 세워주자, 수도가 없으니 수도 시설을 해주자, 마을 회관이 필요하다고 하는 데 마을 회관을 세워주자 등등, 우리가 그동안 아주 많이 들어본 논리들이 아닌가?

그러나 이러한 논리는 결코 성공적인 지역 개발의 길로 이르지 못한다. 오히려 지역 개발에 투입되는 자금을 외부로 빠져나가게 하는 통로 역할을 한다. 학교, 수도, 마을 회관을 세워 주는 것은 당연히 도시에 있는 건축, 토목회사들이다. 물론 의도한 건 아니겠지만 지역 개발의 미명 하에 도시 건축 회사들의 일감을 늘려 주고 있는 것이다. 나중에 인구가 더 빠져나가 학교가 문을 닫고 마을 회관은 운영비가 없어 문을 닫게 된다면 지역에는 덩그런 건물외에는 남아 있는 것이 없게 되는 것이다. 필자는 100 가구가 사는 농촌 마을에 60 억원을 퍼부어 마을회관, 도농교류센터, 장류가공공장, 팜스테이 하우스 등을 지어 주었지만 모두 운영이 안 되고 5년째 문을 닫아 놓은 지역을 가본 적이 있다. 60억원의 대부분은 도시의 건축 회사들이 가져갔을 것이다. 차라리 주민들에게 가구당 6천만 원씩 나누어 주었다면 어땠을까 하는 생각마저 들었다.

자치단체나 전문가는 특정 지역의 개발을 위해 예산을 쓰기 위해 그 지역이 무언가 부족하고 낙후되어 있으며 외부의 지원이 없으면 곤란하다는 논리를 만들어 낸다. 그 결과 그 지역에 사는 사람들은 자신과 자신이 살고 있는 지역이 문제가 있으며 부족하다는 인식을 내면화 하기 시작한다. 이것은 다시 그렇게 된 원인에 대해서 주민들이 남 탓을 하기 시작한다.

다른 주민들이 게으르다고 하던 정신 상태가 문제라 하던, 아니면 정부와 국회의원이 주민들을 속이고 방치했다고 하던 부정적이고 적대적인 감정으로 이어진다. 부정적 생각과 감정의 악순환이 일어나는 것이다. 결국 주민들은 서로를 의지하지 않고 자신의 지역을 싫어하게 된다. 공동체 내 관계가 악화되는 것이다. 기존의 접근 방식이 주민들에게 이렇게 물어본다.

"마을에 무엇이 필요합니까?"
"마을에서 무엇이 바뀌길 원합니까?"
"마을을 바꾸는데 장애물은 무엇입니까?"

반면에 마을자치적으로 접근하는 자산중심주의 방식은 주민들에게 완전히 반대로 질문한다.

"마을이 가지고 있는 장점과 자산에는 무엇이 있습니까?"
"귀하의 마을이 최고라고 느꼈던 때는 언제입니까?"
"귀하가 마을에서 가장 중요하게 여기는 것은 무엇입니까?"
"귀하의 마을을 독특하고 단단하게 만들어 주는 것은 무엇입니까?"

뒤의 질문들은 지역의 강점과 자산에 초점을 두고 있는 것을 알 수 있다. 모든 지역은 강점과 자산을 가지고 있다. 이러한 자산과 강점을 인정하고 이로부터 출발하는 것이 마을자치적인 접근이다. 반이 비어 있는 컵에서 출방하는 것이 아니라 반이 차 있는 컵에서 출발하는 것이다.

3. 지역의 자산은 관계를 통해 드러나고 강화된다

'구슬이 서 말이라도 꿰어야 보배다'라는 말처럼 지역의 자산의 지역 주민들의 재능, 기술, 경험 속에, 그리고 물리적인 장소들에, 지역의 경사와 문화에 여기저기 흩어져 있다. 지역에는 마을자치를 통해 지역 공동체를 이루고자 하는 열정과 능력을 가진 사람들이 있지만 아직 그들이 연결이 되고 있지 않을 뿐이다. 그리고 지역의 많은 공식적, 비공식적 모임들 역시 기회와 여건만 주어지면 언제든지 지역 발전을 위해 나설 수 있다. 그리고 지역에는 크든 작든 경제활동이 이루어지고 있으며 이들도 적절히 배치되기만 하면 지역 발전에 큰 역할을 할 수 있다. 그리고 지역에는 전해오는 이야기가 있고 문화와 전통이 있다.

문제는 이들 자산을 알아차리고 조직하고 활용할 수 있는 주민 조직이 있어야 하며 이는 오직 주민들간의 관계를 깊고 풍성하게 함으로써만 가능하다. 주민 간의 관계가 깊고 풍성하게 맺어진다는 것은 지역에 흩어져 있는 인적, 물적 자산들이 주민들을 매개로 관계를 맺게 된다는 것이다. 이렇게 되면 외부적 지원도 주민의 외부적 네트워킹에 의해 취득된 하나의 자산으로 간주되어 주민들이 주체적으로 사용할 수 있게 된다. 같은 외부의 지원금이라도 주민들이 주인이 되어 사용하는 것과 외부인이 뚝딱 건물을 지어주고 떠나는 것은 마을자치의 관점에서 하늘과 땅의 차이이다. 지역 개발에 외부의 도움이 전혀 필요하지 않다는 말이 아니다. 그러나 외부의 지원 어디까지나 한 걸음 물러서서 주민들이 스스로 관계를 맺고 사업을 해 나가는 데 촉매제나 윤활유와 같은 역할에 그쳐야 한다.

지역의 잠재력을 발견하는 방법은 자신의 지역에 대해서 최대한 많이 아는 것이 최선이다. 경험자들은 동네에 대해서 많이 알아 가다 보면 그 잠재력을 알게 되고 그것을 어떻게 활용하면 좋을지 감이 온다고 한다. 그러기 위해서는 기회가 있을 때마다 주민들과 대화하고 관계를 맺어 마을의 개개 주민의 능력, 마을의 역사와 문화 등에 대해서 깊게 알아가야 한다. 다른 말로 도움이 될 만한 정보를 수집하는 것이다.

그리고 다른 지역의 사례를 책을 찾아 보거나 방문해 본다. 자기 지역에 대해 충분히 깊게 알고 있다면 다른 지역의 성공 사례는 분명히 영감을 줄 것이다. 그 영감들을 놓치지 않게 메모한 다음 지역민들과 자유롭게 토론을 하다 보면 지역의 자산에 기반을 둔 창의적 아이디어가 튀어 나올 것이다. 이제 그 아이디어를 실현하기 위해 필요한 인력, 자금, 판로 등을 조달할 수 있는지를 더 구체화 해본다. 그리고 이를 들고 신뢰할 만한 컨설턴트를 찾아가 자문을 요청해 본다. 그러면 마을자치의 반은 된 것이나 다름없다. 이제부터 필요한 것은 난관을 뚫고 실천해보는 의지와 뚝심이다.

4. 말을 하기보다는 들어라

당신은 말이 하고 싶어 사람들을 만나는가? 아니면 사람들의 말을 듣기 위해서 만나는가? 마을자치의 꿈을 전파하기 위해서 만날 때는 당신이 말을 할 필요가 있다. 그러나 마을자치를 같이 할 사람을 찾기 위해서는 말을 들어야 한다. 사람들을 만나서 말을 듣다 보면 그들의 과거 이야기를 하게 마련이다. 그 중에 과거의 화려한 성공담도 있고 실패담도 있을 것이며 그 사람이 과거에 무엇을 잘했고 무엇을 하며 살아와왔는지도 있을 것이다. 결국 그 사람이 가진 보물을 알게 되는 것이다.

한 사람, 두 사람, 여러 사람이 가진 보물을 알게 되었으면 그 보물들을 마을 활동에 활용하는 것이 바로 마을 만들기 활동가가 할 일이다. 예를 들어 대화 도중에 나이가 지긋한 사람이 과거에 색소폰 좀 불어 본 것을 알게 되었다. 다른 한 사람은 과거에 장기간 보험회사 지점장을 한 이력이 있음을 알게 되었다. 또 다른 한 사람은 자신이 탁구를 잘 친다고 자랑했다.

우선 탁구를 잘하는 사람을 중심으로 탁구 동호회를 결성해 볼 수 있다. 탁구대를 사는 비용을 모금하기 위해 마을 사람을 대상으로 색소폰 연주회를 개최할 수도 있을 것이다, 연주회 사회는 언변이 좋은 전 보험사 지점장이 맡으면 될 것이다.

사람들은 자신이 가진 보물을 이웃을 위해 무료로 쓰면서 자기 효능감을 높이고 행복감을 맛볼 수 있다. 사람들이 자신의 보물을 사용할 수 있도록 기회를 만드는 것이 마을자치의 핵심이다.

5장 마을자치는 꿈을 같이 하고 나누는 것이다

1. 꿈이 필요한 이유

마을자치를 집짓기에 비유하면 꿈은 조감도라 할 수 있다. 마을자치를 통해 우리 지역이 이러 이러하게 변한 모습을 말로 표현한 것이다. 마을자치라 하면 단지 마을 길을 청소하고 도랑을 정비하고 마을 회관을 짓는 것 정도로 이해하는 사람들이 있다. 이러한 일들도 마을자치에 포함될 수는 있지만 그것만으로는 사람들의 참여 의욕을 불러일으키기는 부족하다. 도시화, 산업화 과정에서 우리 동네가 잃어버린 그 무엇을 찾아보자. 여전히 사람들의 향수와 그리움을 자극하는 그것을 우리 마을에 불러오자.

도시 사람, 농촌 사람 할 것 없이 동네에서 바라는 것은 대략 다음과 같은 것들이 아닐까?

- 깨끗한 시냇물이 졸졸 흘러 여름에는 아이들과 물놀이 하는 마을
- 지나치는 이웃과 반갑게 인사하고 서로 안부도 물어보며

음식물도 나누어 먹는 마을
- 밤늦게 다녀도 안전하고 도서관, 학교가 가까워 아이들 공부시키기 쉬운 마을
- 취미와 대화를 함께하는 이웃이 있어 가끔씩 모여서 밤늦도록 도란도란 이야기하는 마을
- 전망과 경치가 좋은 터에 쉴 곳이 마련되어 있어 가끔씩 들러 여유롭게 저녁놀을 감상할 수 있는 마을 등

더 적어 보자면 한이 없겠지만 우리 모두는 살고 싶어하는 마을에 대한 나름의 꿈이 있다. 이러한 사람들의 꿈은 결코 허황된 것이 아니다. 꿈을 이루고자 하는 간절한 소망과 한걸음씩 실천하는 끈기와 열정만 있다면 얼마든지 가능한 꿈이다. 위대한 마라토너가 되는 것이 꿈인 사람도 처음에는 걷기와 백미터 달리기부터 시작해야 한다.

마을자치는 매우 보람된 일임에는 틀림없으나 생각이 다른 많은 사람들과 함께 해야 하는 일이므로 단기간에 쉽게 할 수 있는 일이 아니다. 반대로 매우 장기적인 안목을 가지고 원칙에 충실하면서 사람들과 같이 한걸음씩 나가는 어려운 과업이다. 운동회에서 백명이 모두 모두 발목을 끈으로 연결하고 함께 뛰는 경기와 같다. 속도 위주의 토건 개발 중심의 사고로는 애초에 불가능한 일이다.

꿈과 비전은 지난한 마을자치에 지속적으로 에너지를 공급해주는 역할을 하므로 매우 중요하다. 마을자치를 주도하는

리더가 확고한 꿈과 비전이 없는 경우에는 대개 정부가 보조하는 월 100 만원 정도의 사무장 월급과 주민추진위원회 위원장이라는 감투에 만족하는 경우가 많다. 애석한 일이 아닐 수 없다.

주의할 것은 리더 혼자서 꿈과 비전을 그린 다음 이를 주민들에게 제시하면 안 된다는 것이다. 마을자치의 전 과정에 일관하여 적용되어야 할 가장 중요한 원칙은 주민이 참여해야 한다는 것이며 주민이 참여하여 얻은 불완전한 성과가 리더 혼자서 추진하여 얻은 완전한 성과보다 낫다는 것이다. 직접 참여함으로써 주민이 고객에서 주인으로 거듭나도록 하는 것이 마을자치의 본질이자 목표이기 때문이다. 그러므로 사실상 마을자치에는 가구당 연 소득 1억, 마을 적립기금 10억 달성 등과 같은 최종적인 목표가 존재하지 않는다. 모든 목표들 역시 주민들이 주인으로 참여하여 자신과 공동체를 실현해 가는 과정으로 이해되어야 하는 것이다.

이러한 의미에서 관계와 나눔과 같은 공동체적 가치들을 행복을 담지 않은 단지 경제적, 물리적인 비전은 바람직하지 못하다. 가령 주민복지회관의 설립이 비전이 된다면 자칫 공동체 사업이라는 취지를 망각하고 외부의 지원금 유치에 열을 올리게 될 수도 있기 때문이다.

2. 꿈을 같이하는 사람을 찾아라

꿈은 전파하지 않으면 꿈으로 그치게 된다. 이제는 꿈을 같이하고 실현하기 위해 함께 뛸 사람을 찾아야 한다. 마을 만들기에 뜻을 두고 이 책을 읽을 정도의 사람이라면 이미 마을의 어느 단체인가에 속해 있을 것이다. 그리고 마을자치라는 대의를 같이 할 만한 사람을 몇몇 떠올릴 수 있을 것이다. 그 사람들에게 당신의 꿈을 이야기하라.

그리고 지역의 단체에서 활동하는 사람들을 찾아가 꿈을 이야기 해본다. 이장, 통장, 노인회장, 지역 방범대, 부녀회, 상인연합회를 찾아가 이야기 하고 넓게는 시민단체도 찾아간다. 그들은 모두 지역 사업을 해본 경험이 있고 마을자치를 들어본 적이 있거나 관심도 있기 때문에 반갑게 응대해 줄 것이다. 이들과 대화하다 보면 추진 방법에 있어 귀중한 조언이나 정보를 얻을 수 있고 운이 좋으면 사람을 소개 받거나 함께 일할 동지를 만날 수도 있다.

장사든 친목이든 마을자치든 사람이 전부라 해도 과언이 아니다. 사실 웬만한 마을 사업은 한 사람만 오랫동안 열심히 해도 성공 할 수 있다. 지금까지의 마을 사업의 성공 사례를 보면 2인 이상의 리더가 있는 경우는 드물며 대부분 한 사람이 비전과 열정을 가지고 오랫동안 열심히 하다 보니 처음에는 냉소적으로 지켜보던 마을 사람들이 끝내 감동하고 신뢰를 가지게 되어 동참하게 된 경우들이다.

그러므로 만일 함께 할 동지를 만나지 못하면 혼자서 시작해도 된다. 열심히 하다 보면 분명히 도와주고 동참하는 사람이 나타날 것이다. 그러므로 내가 정말로 마을 만들기에 있어 순수한 비전과 열정을 가지고 있는가가 더 중요할 수 있다.

그럼에도 불구하고 결국 마을자치가 지속성과 확장력을 가지려면 마을 일을 하는 사람이 많아야 한다. 마을자치가 잘되는 곳은 마을 일을 하는 사람의 수가 그렇지 않은 곳보다 월등히 많다. 마을자치를 하는 사람의 세가 상대적으로 크다는 것이다. 그러므로 가급적 많은 사람이 마을자치에 관심을 가지고 참여하도록 하는 것이 필요하다. 그 방법은 지역의 각 직능별, 성별, 연령별 조직을 구성하고 조직끼리 마을자치를 네트워크화 하는 것이다

한 사람만이라도 마을 만들기에 뜻과 열정을 가지면 웬만한 성공 사례를 만들어 낼 수 있다는 것은 많은 경험이 증명하고 있다. 만일 그러한 사람이 두셋, 열명이 힘을 합친다면 마을자치는 이미 성공한 것이나 다름없다. 마포의 성미산 공동체가 바로 공동체에 대한 가치관을 공유하는 사람들이 모여들어 도시 마을을 만들어 낸 사례이다.

3. 꿈이 없으면 마을자치는 표류한다

생활 자치에서 지역의 미래에 대한 꿈은 그냥 내거는 구호인 것처럼 보일 수 있지만 사실 마을 만들기의 기초이자 핵심을 이루는 요소다. 마을 만들기의 구상을 마을 사람들과 함께

공유하기 위해서 비전을 수립하는 것이 꼭 필요하다. 마을 만들기를 하다 보면 마을 사람들이 함께 모여 수많은 의사결정을 해야 한다. 무엇부터 시작할 것인지, 누구를 포함 시킬 것인지, 수익금은 어떻게 사용하고 배분할 것인지 등등 결정해야 할 일이 너무도 많다. 의사 결정에 있어 주민을 서로 묶어 주고 기준이 되어 주는 것이 바로 비전이다. 비전이 없는 마을 만들기 조직은 결국 편의주의적, 현실이익 중심, 나눠먹기 중심으로 흘러가게 되어 있다.

00 마을 주민 29명은 아이들이 사라져 마을의 초등학교가 폐교가 되자 주민당 1,000만원씩 출자하여 폐교 부지를 공동으로 구입했다. 폐교 부지와 외지인에게 매각 될 경우 주민이 원치 않는 시설이 들어와 마을 분위기를 해칠 것을 우려한 순수한 의도에서였다. 그리고는 정부의 농촌마을 개발사업에 공모하여 지원금을 받다 농촌체험숙박시설로 리모델링하여 숙박시설을 하기로 하였다. 초기에는 숙박업이 그런대로 잘 되었다. 근처 관광지에 KBS 1박 2일 팀이 다녀간 후에 관광객이 갑자기 많아졌기 때문이었다. 창업 1, 2년 차부터 숙박업이 수익을 올리자 정부로부터 농촌개발 우수마을로 표창을 받아 상금 1억원을 받기도 했다. 표창을 받자 전국 농촌마을에서 견학을 와서 하룻밤을 묵는 경우도 있어 숙박 수입은 이후 2, 3년간 꾸준히 지속되었다.

문제가 생긴 것은 이 즈음부터였다. 처음에는 적자만 안보면 다행이라 생각했던 주민들이 막상 수익이 나자 배당을 요구하고 나선 것이었다. 주민들은 주주총회를 열어 3년간 적립된 수익금을 모두 헐어 지분에 따라 서로 나누어 가졌다.

전국적으로 농촌마을 개발 사업이 확대되면서 농촌체험 숙박시설이 인근 지역에도 들어서고 텔레비전 방영 효과도 사그라들면서 창업 4년차부터는 갑자기 방문객의 발길이 눈에 뛰게 뜸해지기 시작했다. 이제는 주중에는 가족 단위의 손님이 아예 없고 주말에나 동창회를 갖는 예약이 가끔 있어 월 200만에 달하는 운영 유지비도 충당하기 어려워졌다. 그러나 이미 적립금은 모두 배당으로 써 버렸고 주민들은 운영비를 부담하는데 반대하고 있어 운영비를 마련할 길이 없다. 실망한 주민들은 이대로 버티다가 창업 10년이 되어 매각이 가능하게 되면 그동안 인상된 토지가로 폐교 부지를 다시 외부인에게 매각할 것을 생각 중이다.

이 마을의 사례는 비전과 철학이 없는 마을자치는 결국 방향을 잃고 표류한다는 것을 보여준다. 처음에는 폐교부지 지키기라는 순수한 의도에서 시작하였으나 주민들이 서로 공유한 비전이 없다 보니 금방 수익금에 탐이나 배당을 요구하고 현재 운영비를 대기 어렵게 되자 다시 당초의 폐교 부지를 지킨다는 취지를 망각하고 외부인에게 땅값을 남겨 팔려고 하게 되는 현실주의적 생각에 따라 오락가락 하게 되는 것이다. 이것은 살기 좋은 마을을 만들기라기보다는 차라리 부동산 투자업에 가까울 것이다. 비전의 수립과 공유가 없는 마을자치가 의례 빠지는 함정이다.

농과대학을 나오고 잠시 승려 생활을 해 법사님이라고도 불리는 최 병호 씨가 경상북도 봉화군 한누리 마을로 귀농하였을 때 그의 마을 만들기 꿈은 '안심마을'이었다.

"어려움에 처한 사람을 마을 공동체가 돌보아 주는 마을, 공동체가 사람의 삶을 지속 가능하게 해주는 마을을 만들어 보고 싶습니다. 돈을 버는 것도 중요하지만 돈이 많이 생기면 갈등요소도 늘어납니다. 따라서 철학적인 접근이 필요합니다. 이를 위해서는 자기헌신과 진정성, 가치중심적 삶이 중요하지요, 사업을 추진하면서 마을간 이기주의와 갈등조정이 가장 어려운 문제였습니다. 그렇지만 지역내 갈등관리를 통해 지역이 보다 끈끈하게 뭉칠 수 있는 계기를 마련했습니다. 결국 갈등을 관리해 내는 것이 지도자의 몫이라고 봅니다." (최병호, 2016. 9.1. 불광미디어 인터뷰 중)

4. 꿈과 미션을 만들고 전파하라

꿈은 마을자치가 지향해야 할 목표를 압축적으로 보여주고 전략 수립에서 무엇에 집중해야 하는지를 알려준다. 당신이 무슨 꿈을 가지고 있던 간에 그것을 간단한 한 문장, 또는 한 구절로 압축하라. 예를 들면 '서로 돌보는 마을', '이웃 간에 소통하는 마을', '함께 잘 사는 마을', '아이들 키우기 좋은 마을'과 같은 식이다. 하여간 티셔츠에 새길 수 있을 정도로 문구는 간단해야 한다.

꿈이 정해졌으면 다음은 미션을 만드는 작업으로 들어간다. 꿈과 미션은 비슷하나 미션은 좀더 구체적이다. 꿈이 '서로 돌보는 마을'이라면 미션은 '나눔과 관심을 통해 구성원의 경제적, 사회적 어려움을 덜어준다'는 식이다. 꿈은 추구하고자 하는 마을의 이미지를 효과적으로 전달하고자 하지만 미션은 사람들로 하여금 무엇을 해야 할 지를 분명히 알도록 하는 것이다.

미션이 제 역할을 하려면 첫째 간결해야 한다. 굳이 꿈만큼 간단할 필요는 없지만 한 문장 정도를 넘지 말아야 한다. 둘째 최종 결과를 드러내야 한다. 마을 만들기가 성공하면 마을이 어떻게 바뀔 것인지가 미션에 드러나야 한다는 것이다. 셋째 포괄적이어야 한다. 목적은 분명하되 추진 전략이나 방식, 또는 대상은 폭넓게 여지를 둘 필요가 있다.

마을 만들기 조직의 미션의 예는 다음과 같은 것들이 있을 수 있다.

'주민 모두가 참여하는 마을 기업 육성을 통해 함께 잘사는 마을을 만든다'

'주민의 협력과 봉사로 아이들을 마음 놓고 키우고 교육시

킬 수 있는 마을을 만든다'

'주민 간 관계와 연대를 통해 모두가 마을에 기여하는 마을 만든다'

가급적 많은 주민을 마을 만들기에 끌어 들이기 위해서는 꿈과 비전이 마을 사람이 가장 원하는 것이나 가려운 곳을 정확히 포착해야 함은 물론이다. 꿈과 미션을 확정 짓기 전에 마을 사람들을 만나 이야기를 충분히 들어야 한다. 가장 좋은 방법은 시간이 걸리더라도 주민들과 몇 번이고 토론을 거듭하여 주민이 가장 만족하는 꿈과 미션을 끌어내는 것이다. 주민 스스로 마을의 꿈과 미션을 만드는 과정에서 참여 의욕과 마을 만들기에 대한 이해도도 한층 강화될 것이다.

꿈과 미션을 완성되면 지역 사회에 이를 전파하여야 한다. 전파하는 방업은 너무도 많으며 이는 창의력에 속하는 부분이다. 대략 다음과 같은 방법이 있을 수 있다.

- 잘 보이는 공공 장소에 플래카드나 포스터, 포어를 붙인다
- 마을자치 웹사이트에 게시한다
- 티셔츠를 만들어 나누어 준다
- 모든 인쇄물의 헤드라인에 삽입한다
- 마을 신문에 홍보한다
- 마을 축제를 열어 홍보한다

마을기업의 등록 요건(행정자치부, 2018)

기업성

○ 마을기업은 각종 사업을 통해 수익을 추구하는 경제조직이어야 함
  - 단순히 공익을 추구하는 비영리 사회단체나 조직은 마을기업으로 부적합
○ 마을기업의 사업은 시장경쟁력이 있어야 함
  - 장기적으로 주수입이 사업에서 나와야 하며 순수 민간기업과의 경쟁이 치열한 사업은 마을기업으로 부적합
○ 마을기업은 지속가능해야 함
  - 마을기업은 순이익의 10% 이상을 사업 추진에 대한 손실금 충당을 위해 적립하여야 하고(단, 보조금을 지원받은 해에는 30% 이상을 적립함), 순이익의 50% 이상을 재투자를 위한 유보금으로 적립해야 함
○ 기업으로서 조직형태는 민법에 따른 법인, 상법에 따른 회사, 협동조합기본법에 따른 협동조합, 농어법 경영체법에 따른 영농조합 등 법인이어야 함
  - 법인이 아닌 경우에는 시·군·구에서 시·도로 추천 불가

공동체성

○ 마을기업은 출자자 개인의 이익과 함께 마을기업 전체의 이익을 실현해야 함
○ 마을기업의 모든 회원은 마을기업(법인)에 출자하는 것을 원칙으로 하며, 공동체 일원으로서 마을기업의 계획과 운영에 참여하여야 함
○ 마을기업의 출자자는 5인 이상이어야 함
  - 마을규모, 지역범위, 사업내용 등에 비추어 공동체성을 보장할 만큼의 충분한 수의 출자자를 갖추도록 노력해야 함
    * 10인 이상이 출자할 것을 권장함
○ 마을기업의 회원 외에도 구매자, 소비자, 고용자 등 다양한 지역주민 및 지역 내 이해당사사의 의견을 중요하게 반영해야 하며, 지역순환경제 구축을 위해 노력해야 함

공공성

○ 마을기업은 마을기업의 경제적 이익과 함께 지역사회 전체의 이익을 실현해야 함

○ 최대 출자자 1인의 지분은 30% 이하여야 하며, 특정 1인과 그 특수관계인의 지분의 합이 50% 이하여야 함
  - 여기서 출자금액이라 함은 마을기업 신청을 위해 출자한 금액과 당초 법인설립을 위해 출자한 금액의 합계를 말함
  * 특수관계인이란 ① 배우자 및 직계 존비속 ② 배우자 및 직계 존비속이 50% 이상을 출자하고 있는 법인 ③ 배우자 및 직계 존비속이 이사의 과반수이거나 출연금의 50% 이상을 출연하고 그중 1인이 설립자로 되어 있는 비영리법인을 말함

○ 마을기업은 법인 전체를 지정하는 것을 원칙으로 함
  - 법인의 한 사업형태로 운영하는 것은 행정안전부의 승인을 받아야 함

○ 마을기업은 사업계획서상의 지역사회공헌활동(또는 이에 상응하는 공헌)을 반드시 이행해야 함

○ 마을기업 명의로 특정 정당 또는 후보를 지지해서는 안 됨

○ 마을기업은 사업계획 및 운영 방침을 민주적 절차에 의해 스스로 결정하고 일자리 및 소득창출을 위해 노력해야 함

지역성

○ 마을기업은 지역에 뿌리를 두고 설립·운영되어야 함

○ 마을기업은 지역에 소재하는 자원을 활용한 사업을 해야 함
  - 지역 간 유동이 쉬운 자원은 마을기업 사업으로 부적합

○ 마을기업은 지역 주민이 주도하는 기업이어야 함
  - 마을기업 사업비의 일정부분*을 구성원들이 자발적으로 출자하여야 함
  * 보조금의 20% 이상 자부담하여야 함(우수 마을기업 선정 시 자부담 제외)
  - 마을기업 출자자(회원)의 70% 이상, 고용인력의 70% 이상은 지역주민이어야 함. 단 출자자가 5인인 경우는 5인 모두 주민이어야 함

남재걸

1997년 5급 공채에 합격하여 경북 군위군 우보면장, 새마을과장 그리고 행정안전부에서 행정구역팀장(서기관)으로 근무하였다. 공직경험을 바탕으로 '더 좋은 지방자치'를 만들기 위한 대안으로 지역공동체, 생활자치, 마을자치 등에 관한 연구에 집중하고 있다. 영국 셰필드대학에서 도시 및 지역계획학 박사학위를 취득하였으며 단국대학교 행정학과 교수로 재직하고 있다.

조재준

20여년의 공무원 경험을 살려서 마을만들기, 마을기업 등 사람들이 더불어 행복할 수있는 지역공동체를 만드는 방법을 연구하고 있다.
서울대학교 국사학과를 졸업하고 영국 리버풀대학교에서 경영학 석사를 취득하였으며 단국대학교 행정학과 박사과정에 수학 중이다.
현재 한국생활자치연구원 자치연구센터장으로 있다.

매일
같이
밥 먹는
동네

초판인쇄 2018년 12월 31일
초판발행 2018년 12월 31일

지은이   남재걸 · 조재준
펴낸이   채종준
펴낸곳   한국학술정보㈜
주소   경기도 파주시 회동길 230(문발동)
전화   031) 908-3181(대표)
팩스   031) 908-3189
홈페이지 http://ebook.kstudy.com
전자우편 출판사업부 publish@kstudy.com
등록   제일산-115호(2000. 6. 19)

ISBN 978-89-268-8659-5 03330